JEAN-CLAUDE GROSJEAN

RÉVOLUTION RH AGILE

L'AGILITÉ POUR LES RH ET LES RH POUR L'AGILITÉ

SOMMAIRE

INTRODUCTION

« **HR goes agile** », c'est le titre choc d'un article paru dans la prestigieuse Harvard Business Review de mars-avril 2018[1].

Le résumé de ce numéro spécial décrit avec justesse ce qui se passe actuellement dans les entreprises :

> « *THE NEW RULES OF TALENT MANAGEMENT*
> *Agile isn't just for tech anymore – it's transforming how organizations hire, develop, and manage their people.* »

La transformation est donc en marche sur les questions du recrutement, du développement et de la gestion des talents.

Pour autant, l'article sous-estime encore largement l'ampleur du phénomène agile qui s'annonce.

Pourquoi ce livre ?

L'adoption d'une culture agile dans l'entreprise favorise l'émergence d'une fonction RH de nouvelle génération qui s'inscrit en rupture avec les codes du passé, tant dans ses façons de faire que dans sa façon d'être.

Nous n'en sommes qu'aux prémisses.

---

1   https://hbr.org/2018/03/the-new-rules-of-talent-management

Or la plupart des articles abordant le sujet « *ressources humaines et agilité* » se contentent encore d'effleurer la question ou de rester à la surface. La culture agile n'est jamais introduite et les implications concrètes sur la fonction RH et les autres acteurs de l'entreprise ne sont jusqu'à maintenant pas véritablement décrites.

Telles sont justement les premières intentions de ce livre (en tant que premier ouvrage francophone dédié à ce sujet) :

1. Préciser les contours de la culture agile et ses impacts sur la Fonction RH.

2. Rendre visibles les enjeux RH Agile, mais aussi leur déclinaison sur le terrain de l'entreprise dans les équipes et auprès des Leaders et de chaque employé.

3. Guider les Ressources Humaines sur le chemin de l'agilité.

Comment ce livre est-il organisé ?

Le premier chapitre a pour objectif de clarifier les concepts d'agilité (celle d'hier et d'aujourd'hui), d'entreprise agile et de RH Agile. Il pose les bases de cette nouvelle donne qui bouleverse l'ordre établi et contribue à amplifier l'adoption de l'agilité pour les Ressources Humaines.

Les chapitres suivants détaillent dans une perspective plus opérationnelle les nouvelles activités et missions des équipes RH Agile face à ces multiples enjeux.

Le chapitre 2 décrit par exemple la façon dont ces équipes RH Agile, pionnières dans l'adoption de l'agilité, s'emparent de la culture agile et la mettent en action dans leur quotidien au service de l'expérience employé.

Le chapitre 3 commence par rappeler les fondements du leadership agile avant d'envisager l'accompagnement du leader dans ses actions de transformation et son cheminement personnel. Il propose ensuite d'associer les Ressources Humaines non seulement à ce type d'accompagnement, mais plus largement au pilotage de la transformation agile en tant que facilitateur du changement.

Le chapitre 4 établit le lien entre la culture agile et la culture d'entreprise. Il met en évidence le rôle déterminant de la fonction RH dans la construction et le partage du sens et les nouveaux impératifs déclenchés par la volonté de se transformer et d'intégrer ces nouveaux éléments culturels.

Le chapitre 5 réaffirme la primauté des collectifs dans l'entreprise agile et le tournant pris par les équipes RH Agile qui décident de miser sur ceux-ci et de créer le meilleur environnement possible pour les faire grandir.

Le chapitre 6 démontre la capacité d'innovation des Ressources Humaines pour réinventer leurs pratiques et leurs processus. Les processus d'évaluation de la performance, d'intégration, de recrutement, de formation, envisagés avec un regard neuf et sous un angle agile prennent en effet une tout autre dimension.

Enfin le dernier chapitre se focalise sur la gestion des talents agile. Ce chapitre 7 décrit les activités, compétences et qualités requises pour ces nouveaux rôles et métiers. Il apporte un éclairage sur les profils à recruter d'urgence et ceux qu'il vaudrait mieux éviter !

Une ultime conviction

Loin d'être un effet de mode, l'agilité est déjà bien installée dans les entreprises et ne cesse de poursuivre son expansion.

L'opportunité pour la fonction RH est réelle : bénéficier d'un formidable élan de transformation et profiter de la culture agile pour faire sa révolution et enfin, ou de nouveau, jouer un rôle prépondérant dans l'entreprise. L'agilité pour les RH et les RH pour l'agilité.

Chapitre 1 – Agilité, entreprise agile et RH Agile

Qu'est-ce que l'agilité ?

Les origines de l'agile

Le terme agile apparaît dès le début des années 90 dans le milieu industriel américain en réponse notamment au changement permanent et au contexte économique de l'époque marqué par une concurrence japonaise grandissante. Réactivité (réponse rapide au changement), flexibilité et innovation sont les bases de cet « agile manufacturing » présenté dans un rapport de l'institut Iacocca, intitulé « 21st Century Manufacturing Enterprise Strategy » (Nagel, Dove, Goldman et Preiss, 1991).

Toujours dans les années 90 et en parallèle de cette initiative, le concept d'agilité émerge et grandit dans le secteur informatique par le biais des méthodes agiles de développement (DSDM, XP, SCRUM, ASD, FDD, Crystal Clear, etc.).

C'est finalement en 2001 que les inventeurs de ces nouvelles façons plus légères de faire des logiciels se réunissent, élaborent et signent le *Manifeste pour le développement agile de logiciels*[2].

Ce manifeste constitué de **4 valeurs et 12 principes** devient (et demeure toujours) le socle commun de l'ensemble de ces approches.

> ***Les individus et leurs interactions*** *plus que les processus et les outils*
>
> ***Des logiciels opérationnels*** *plus qu'une documentation exhaustive*
>
> ***La collaboration avec les clients*** *plus que la négociation contractuelle*
>
> ***L'adaptation au changement*** *plus que le suivi d'un plan*

Figure : Les 4 valeurs de l'agile manifesto

Les méthodes agiles avaient alors comme principale ambition de répondre aux inévitables changements de l'environnement des entreprises, changements dont la prise en compte par les méthodologies de l'époque s'avérait limitée et difficile.

> Le constat et point de départ : un projet informatique ne peut se planifier du début à la fin de manière précise et détaillée ; on ne peut pas tout prévoir !

Ce qui est décrit et semble vrai à l'instant t peut se défaire ou évoluer l'instant d'après et de nouveaux besoins émergent à mesure que le feedback s'intensifie : voilà la réalité de tout projet.

L'agilité aujourd'hui

L'agilité d'une organisation est un concept toujours en évolution. D'abord centrée sur le changement dans les années 90 (sa dimension fondatrice), elle s'est rapidement enrichie de la valeur pour le client et de la valeur pour les employés, dans une dynamique délibérément humaniste.

Aujourd'hui, l'agilité peut se définir de la manière suivante :

*« L'agilité est vue comme la capacité d'une organisation à ravir ses **clients** et ses **employés**, tout en s'adaptant, à temps, aux **changements** de son environnement. »*

Grosjean, 2016[3]

Cette définition met en lumière les trois dimensions et enjeux clés de l'entreprise agile :

- **Le changement.** Accepter l'incertitude et s'adapter en permanence à un environnement toujours plus complexe et changeant (le monde VUCA[4]) tant dans son

---

3   Définition issue de l'article « L'agilité toujours en évolution… nouvelle définition » http://www.qualitystreet.fr/2016/01/18/lagilite-toujours-en-evolution-nouvelle-definition/

4   VUCA : Volatility, Uncertainty, Complexity, Ambiguity

environnement externe que dans son environnement interne.

- **Le client.** Chercher l'enchantement du client en lui livrant un maximum de valeur au plus tôt. La quête de la valeur **externe** (*pour le Client*) va bien au-delà de la simple mise à disposition d'un produit sur le marché ou de la réponse standard à un besoin. Il est nécessaire aujourd'hui d'innover, de prendre soin de son client pour se démarquer d'une concurrence omniprésente et ainsi assurer la survie de son entreprise.

L'entreprise agile s'efforce donc de réduire la distance avec ses clients et de les ravir en permanence, comme le résume Stephen Denning[5] (2010) :

« *The purpose of work is to delight clients, not merely to produce goods or services or make money for shareholders.* »[6]

- **Les employés.** Créer et garantir dans la durée, l'expérience employé la plus aboutie. À l'opposé d'une vision passéiste et appauvrie de l'Homme au travail, l'agilité a donc également une résonnance interne (*pour les employés*) qui dépasse la réflexion sur les questions salariales et les conditions de travail. L'entreprise agile se préoccupe toujours davantage de ses collaborateurs et de ce qui peut les motiver sur le long terme à savoir la complétude de leurs besoins intrinsèques, plus de sens et de reconnaissance au travail. Elle est en cela bien alignée avec les thématiques du bien-être au travail et de la QVT (qualité de vie au travail).

L'agilité est une approche globale et complète, empirique et hautement adaptative. Résolument humaniste, elle s'inscrit dans cette quête du sens au travail et s'accompagne, dans sa version actuelle, de huit conditions ou accélérateurs pour qu'une véritable **culture agile**[7] puisse s'installer

---

5   Stephen Denning, *The Leader's Guide to Radical Management*, 2010
6   « L'objectif du travail est de ravir les clients et non de produire des biens et des services ou de générer des revenus pour les actionnaires. »
7   Jean-Claude Grosjean *Culture Agile : Manifeste pour une transformation*

et s'amplifier dans l'organisation et servir au mieux les intérêts des entreprises.

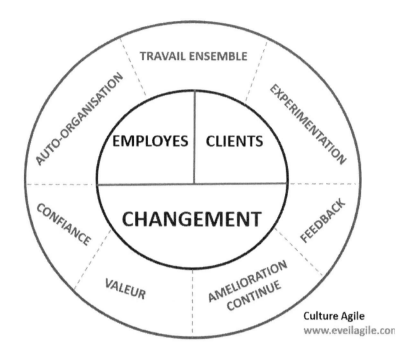

Figure : Les 8 accélérateurs de culture agile.

1. Le *travail ensemble*

« *Ensemble on va plus loin !* » dit le dicton : le travail ensemble se joue dans une dynamique de coopération et de collaboration dans toute l'entreprise, de manière transverse au-delà des organigrammes.

Cet accélérateur est plus aisé dans les petites structures, même si l'excès de verticalité et la création de silos (du type « le commercial », « le marketing », « la R&D », « le support », « les RH ») peuvent très vite se produire.

Le travail ensemble reste l'enjeu majeur des entreprises qui grossissent et qui veulent revivre ces moments exaltants du début quand tous les

cohérente et porteuse de sens, 2018

métiers et acteurs de l'entreprise, parfois les partenaires et même les clients travaillaient efficacement ensemble.

Plus largement et pour toute entreprise, le travail ensemble est une énergie qu'il faut mobiliser, parfois canaliser et toujours développer au service de sa mission et de ses ambitions. Le travail ensemble devient créateur de valeur et vecteur d'innovation.

2. La *valeur*

La valeur s'exprime non seulement pour le client et les employés, deux des trois dimensions fortes de l'agilité, mais s'applique également dans toutes les activités déclenchées dans l'entreprise. Cette dualité se retrouve pleinement dans deux des douze principes du Manifeste Agile :

- *« Notre plus grande priorité est de satisfaire le client en livrant régulièrement des fonctionnalités à grande valeur ajoutée. »*
- *« La simplicité, c'est-à-dire l'art de minimiser la quantité de travail inutile, est essentielle. »*

L'intention est donc de remettre le client, ses enjeux et cette question de la valeur au cœur des préoccupations de chacun.

Dans les grandes organisations où le nombre d'acteurs, de processus et d'activités mises en œuvre entre un besoin émis par des utilisateurs et sa livraison est élevé, cela passe par une volonté constante d'optimisation de la chaîne de valeur.

À son niveau le plus haut, la valeur est suivie et mesurée. Elle fixe les orientations stratégiques de l'entreprise et guide le travail de chacun.

3. L'*expérimentation*

Cruciale à l'échelle de la planète et dans l'évolution de l'espèce humaine, l'expérimentation n'a jamais pu véritablement s'exprimer dans le monde de l'entreprise.

La méthodologie Lean Startup[8] a permis, dès 2008, de mettre cet accélérateur de culture agile sur le devant de la scène, y compris chez les grands Groupes ; mais pour atteindre les résultats escomptés, encore faut-il laisser aux collaborateurs l'espace pour expérimenter et leur accorder la permission de se tromper ! L'expérimentation doit donc s'accompagner du droit à l'erreur pour que les personnes et les entreprises puissent pleinement en bénéficier. L'échec devient alors une opportunité d'apprentissage, véritable source d'innovation.

4. Le *feed-back*

À l'instar de l'accélérateur *valeur*, le feed-back peut s'envisager à de multiples niveaux : en premier lieu côté client sur les produits qui lui sont livrés ; en second lieu, du côté des collaborateurs sur le travail effectué. Dans tous les cas le feed-back est indispensable pour avancer.

Au niveau le plus haut, cet accélérateur de culture agile est multi directionnel, permanent et de qualité. À son niveau le plus bas dans l'entreprise, il est absent ou dysfonctionnel, c'est-à-dire destructif.

Pour l'entreprise agile, l'idée est donc de solliciter des retours le plus souvent et le plus tôt possible pour s'enrichir et progresser.

5. L'*amélioration continue*

L'amélioration continue est la clé de voûte du Lean management[9] qui considère la résolution de problème comme un moteur d'apprentissage pour l'organisation. Cet accélérateur est indissociable de l'accélérateur *expérimentation*, puisque le seul véritable apprentissage se fait par la pratique.

À son niveau le plus haut, cet accélérateur de culture agile est ancré dans le quotidien des personnes et des équipes. Il symbolise alors une organisation dite apprenante.

---

8   Eric Ries dans un article de blog intitulé « Lean Startup », septembre 2008
9   Toyota Way : 14 principes du Lean Management

6. Le *partage*

Le partage concerne d'abord l'information à diffuser en toute transparence. Pour cela, cet accélérateur de culture agile est intimement lié à la *confiance*, car il est nécessaire d'être en confiance pour agir avec transparence.

Mais le partage s'applique aussi à la transmission d'expertise, par exemple, au travers des communautés de pratiques et plus récemment des Chapters (communautés plus formelles et nouveaux éléments structurels de l'entreprise agile). Ici, c'est à l'accélérateur *travail ensemble* que le partage est fortement connecté.

7. La *confiance*

La confiance a cette particularité de ne pas être objectivement mesurable ou précisément quantifiable. Pourtant chacun sait instinctivement si elle est présente ou absente de son environnement.

La confiance est le carburant nécessaire à toute entreprise ; sans elle, il difficile de construire de bonnes relations et d'obtenir une entreprise qui fonctionne de manière optimale. Comme le souligne Patrick Lencioni[10], la confiance est l'élément de base sur lequel tout le système repose.

À son niveau le plus haut, certaines pratiques et autres signes forts attestent de sa présence : fluidité de la collaboration, transparence dans le partage d'informations ou encore qualité des relations tripartites management, employés, Ressources Humaines.

Cet accélérateur de culture agile, qui ne se décrète pas et se construit progressivement, permet à l'entreprise et aux acteurs qui la composent, de gagner du temps, d'économiser du temps et de l'énergie.

8. L'*auto-organisation*

L'auto-organisation est cette capacité des personnes et des équipes

---

10   Patrick Leicioni, *The Five Dysfunctions of a Team: À Leadership Fable,* 2002

à décider de l'organisation de leurs propres activités pour atteindre les objectifs fixés ou pour résoudre les problèmes auxquels elles sont confrontées.

Comme l'ont souligné de nombreux travaux, dont celui considéré comme étant à l'origine de SCRUM (méthode agile la plus populaire), *The new new product development game* de Takeushi et Nonaka[11] (1986), l'impact de cet accélérateur en termes de qualité produit, de motivation ou encore d'innovation est extrêmement positif.

Mais pour que l'auto-organisation génère de tels bénéfices et ne se transforme pas en un chaos au final totalement désorganisé et non productif, elle a besoin d'un cadre pour s'exprimer et donner sa pleine mesure.

COMMENT DEVENIR UNE ENTREPRISE AGILE ?

Fruit de la rencontre entre la culture agile et **UNE** culture d'entreprise, l'entreprise agile est donc par définition unique. Elle possède trois principales caractéristiques.

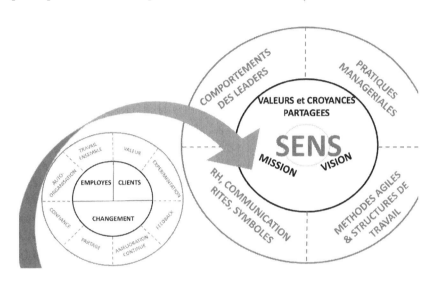

Figure : Intégration de la culture agile dans la culture d'entreprise

L'entreprise agile est une entreprise alignée.

L'alignement part du centre, depuis le sens (sa mission, sa vision, ses valeurs, ses croyances) jusqu'aux éléments les plus visibles de l'organisation (les processus, la structure et la façon dont les gens peuvent travailler avec les méthodes « agiles »).

Dans le même temps, un alignement entre ces mêmes éléments est également visé.

L'alignement est la clé. Il permet à la culture agile de se diffuser et à l'entreprise agile de performer.

L'entreprise agile est une entreprise apprenante.

L'apprenance (c'est-à-dire la capacité d'apprendre à apprendre) se décline au niveau individuel (celui de l'employé), au niveau d'une équipe (l'équipe agile, par exemple) et au niveau organisationnel (un service ou l'entreprise entière). Ces trois niveaux s'appuient mutuellement l'un sur l'autre.

> L'apprenance permet à la culture agile de perdurer et à l'entreprise agile de grandir et de prospérer.

L'entreprise agile est une entreprise qui a intégré la culture agile.

Figure : L'adoption agile de l'agilité

Derrière toute transformation agile, il y a une nécessaire transformation de la culture d'entreprise qui doit progressivement intégrer en son sein les codes, les principes et autres accélérateurs de la culture agile. L'intégration touche toute l'entreprise et l'adoption de la culture agile à cette échelle concerne donc des dizaines, des centaines voire des milliers de personnes, issus de métiers différents bien au-delà de l'IT (Information Technology).

L'usage de vieilles recettes pour accompagner cette transformation de grande ampleur et profondément culturelle est insuffisant et a prouvé

son inefficacité. La meilleure option pour permettre à toute entreprise de devenir agile est l'utilisation de la pensée et de l'agir agile, avec un seul credo : *une adoption agile de la culture agile*[12].

Contextuelle, culturelle, holistique, coconstruite et centrée sur l'humain : la transformation agile accompagnée de manière agile est donc différente, engageante, mais aussi très exigeante.

> Devenir une entreprise agile, c'est accepter l'incertitude et composer avec la complexité du Monde.

---

12   Le cabinet Eveil Agile est la première société française de conseil et de coaching à proposer ce type d'accompagnement. Son cadre de transformation léger et engageant « *Eveil Agile Organisation* » (http://www.eveilagile.com/eveil-agile-organisation/) est présenté dans le livre *Culture Agile* (2018).

LA RÉVOLUTION RH AGILE

Le sujet « RH Agile » est une parfaite illustration d'agilité au-delà de l'IT (Information Technology), c'est-à-dire utilisée dans d'autres contextes métiers, voire même à l'échelle de l'entreprise.

Cette forme d'agilité, celle du métier de l'entreprise (« Business Agility »), dont le marketing agile a longtemps été le fer de lance est assez récente. Elle adapte aux spécificités de ses métiers les principes qui ont fait le succès des méthodes agiles dans le secteur informatique :

- Des cycles courts ponctués de livraisons fréquentes et de feed-backs réguliers.
- Le découpage de grands projets ou grands sujets en de petites unités.
- Le travail en équipe.
- La mise en place d'événements agiles facilitant la collaboration (réunion quotidienne, réunion de planification, démonstrations)
- Le management visuel pour favoriser le partage et le travail ensemble.
- La volonté d'apprendre et de s'améliorer (au travers du dialogue et des rétrospectives).

> Or depuis peu, c'est au tour de la fonction RH d'entrer dans la danse de l'agilité.

Entre opportunités et nécessité, les Ressources Humaines ont fini par s'intéresser de près à la culture agile. Les initiatives mêlant agilité et RH se multiplient et les premiers signes de rupture font déjà leur apparition, y compris sur la forme.

Google avait ouvert la voie avec ses « *People Operations* » : renommer la fonction RH n'est plus tabou pour certaines entreprises. Aujourd'hui les « *Richesses Humaines* », « *Réseaux Humains* », « *Développement Humain* », « *Développement des Talents* » fleurissent dans le monde de l'entreprise. Le titre de Responsable RH Agile est même officialisé dans certains départements Ressources Humaines.

Au-delà de la forme, plusieurs éléments contribuent à l'expansion des équipes RH Agile, à l'émergence de nouvelles missions pour celles-ci et vont dans le sens d'un changement profond, une révolution, dans les organisations :

- **Une nouvelle donne générationnelle**

  La génération Y, née entre 1980 et 2000 et la génération Z, née à partir de l'an 2000 sont de plus en plus présentes chez les employés, les dirigeants et chez les praticiens RH eux-mêmes. Ces générations ont de nouveaux comportements et de nouvelles attentes, plus empreintes de culture agile.

- **L'élan du digital**

  Les outils collaboratifs facilitant le travail sont désormais dans le quotidien des salariés et les processus RH tendent vers plus d'automatisation. La technologie amène les activités Ressources Humaines à évoluer.

- **Le développement agile**

  La réalisation de ces différents outils dans une dynamique agile permet au métier RH de se confronter directement à l'agilité, de la comprendre et d'en observer les bienfaits. Certaines pratiques agiles (le management visuel, la rétrospective ou la réunion quotidienne par exemple) sont des sources d'inspiration transposables dans le contexte des Ressources Humaines.

- **Les nouveaux rôles agiles**

  L'avènement de nouveaux rôles et métiers (Product Owner, ScrumMaster, etc.) liés aux frameworks et à l'organisation agile ainsi que l'évolution du rôle de manager imposent aux Ressources Humaines de comprendre les compétences en jeu, ce qui se cache derrière ces nouvelles méthodes de travail, d'accompagner des transitions ou de créer de nouveaux parcours de carrière.

- **L'humain au centre des préoccupations**

  L'accent mis par l'agilité sur le bien-être des collaborateurs et la valeur pour les employés conduit les Ressources Humaines à devenir un acteur clé du changement et de la culture agile et à bénéficier par ce biais d'un point d'entrée supplémentaire pour améliorer l'expérience employé.

- **Les transformations agiles**

  Au-delà des développements informatiques, l'agilité est déclinée et portée à l'échelle de l'entreprise. Pour composer avec la complexité de son environnement, mieux vivre avec l'incertitude, ravir ses clients et satisfaire davantage ses collaborateurs, l'entreprise entière cherche à se renouveler, à se transformer et à devenir agile.

Aujourd'hui, si la fonction RH n'est pas impliquée dans cette transformation agile qui ambitionne de toucher toute l'entreprise, l'échec est garanti.

La révolution RH Agile est bel et bien en route ! Elle crée de nouveaux chalenges et de nouvelles missions pour une nouvelle vague de praticiens RH désireuse d'embrasser la culture agile dans un contexte de transformation permanente.

Chapitre 2 – En tant que RH Agile, je veux mettre en action la culture agile au service de l'expérience employé

AGILITÉ ET EXPÉRIENCE EMPLOYÉ

Développer l'expérience employé consiste pour une entreprise à créer un maximum de valeur en interne pour ses propres collaborateurs, comme elle le ferait pour tout client externe, avec à la clé plus d'engagement, une plus grande fidélisation des talents et une meilleure performance de l'entreprise.

De nombreuses entreprises (Adidas, Airbnb, Blablacar, Cisco, Deloitte, Leroy Merlin, LinkedIn, Sky, etc.) ont décidé ces dernières années de mettre l'accent sur l'expérience employé et d'emboîter le pas de Vineet Nayar[13], PDG de HCL Technologies Ltd, l'un des pionniers du concept.

Il est évident que la fonction RH n'est pas la seule responsable d'une expérience employé réussie puisque celle-ci revêt tous les points de contact et interactions entre l'entreprise et ses employés.

Toutefois, elle y contribue fortement compte tenu de trois paramètres importants :

- Sa présence continue depuis le premier moment de vérité pour le collaborateur dans l'entreprise (son premier jour) jusqu'au dernier (son départ effectif).

- Des moments d'interaction privilégiés (comme le recrutement de candidats, l'intégration des nouveaux arrivants, les évaluations continues, semestrielles ou annuelles, les demandes et le suivi des formations, etc.).

- Son soutien et sa participation effective aux principaux rites d'entreprise (rites d'intégration ou d'appartenance, moments de célébration ou de reconnaissance, etc.).

L'agilité, en mettant elle aussi l'accent sur les employés (comme le souligne sa définition, cf. chapitre 1) s'accorde parfaitement avec cette volonté d'améliorer l'expérience collaborateur.

---

13   Vineet Nayar, *Les employés d'abord, les clients ensuite : Comment renverser les règles du management*, 2011

L'équipe RH Agile fait le choix de se concentrer sur la valeur pour ses clients (tous les acteurs de l'entreprise) et travaille de concert avec les managers pour soutenir l'effort d'auto-organisation des équipes agiles, lever les obstacles potentiels et améliorer le cadre et l'environnement de travail.

Cette nouvelle posture, **radicalement agile**, l'amène naturellement à revisiter les symboles culturels forts de l'entreprise qui ne vont pas dans le sens de la culture agile. Et selon les contextes, les exemples ne manquent pas :

- L'excès de règles ou de procédures nuisibles au travail ensemble, aux expérimentations et à l'auto-organisation.

- Le maintien d'horaires fixes ou d'un système de pointage, sources potentielles de découragement, même pour les meilleures volontés.

- Les normes ou directives bloquant le partage et la libre circulation de l'information.

- L'interdiction formelle de tout affichage mural, frein à la collaboration, à la proximité et à la transparence.

- L'interdiction d'utiliser la vidéoconférence dans l'espace de travail contraignant encore davantage le travail à distance et le télétravail.

- La présence de bureaux fermés et l'absence d'espace de convivialité empêchant la coopération, la communication et la socialisation de se faire facilement.

- L'interdiction pour certaines équipes de parler directement à leurs clients et ses répercussions négatives sur les accélérateurs de culture agile comme le travail ensemble, le feed-back, la valeur ou encore l'amélioration continue.

- La réunionite aiguë source colossale de gaspillage de temps et d'énergie pour chaque collaborateur de l'entreprise.

Pour lutter contre ces aberrations et aller un cran plus loin dans sa quête de la valeur employé, l'équipe RH agile a l'opportunité d'incarner les huit accélérateurs de culture agile dans son quotidien et ses propres activités.

Elle peut alors lancer des actions enfin porteuses de sens et sources de valeur pour tous.

LE TRAVAIL ENSEMBLE DANS LA FONCTION RESSOURCES HUMAINES

L'équipe RH qui embrasse la culture agile adopte un fonctionnement agile, se partage de nouveaux rôles (comme ceux de ScrumMaster ou de Product Owner) et met en place des événements stimulant le travail ensemble (réunion quotidienne, planification de sprint,

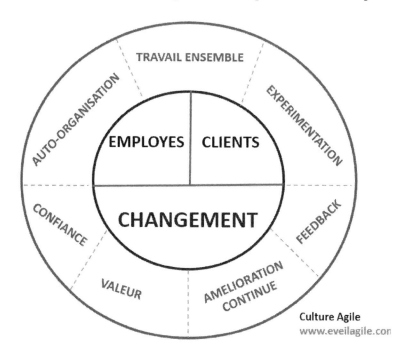

Culture Agile
www.eveilagile.com

démonstrations, etc.) pour réaliser ses propres tâches.

Cette équipe un peu particulière, **au service de toute l'entreprise**, possède toutes les caractéristiques d'une équipe agile. Elle est petite (moins de 10 personnes), colocalisée et pluridisciplinaire. Elle casse les silos qui ont pu se créer en son sein entre des spécialistes de la paie, du juridique, de la formation ou encore du recrutement pour servir au mieux ses clients : les employés de l'entreprise.

En d'autres termes, elle s'attache au *travail ensemble* pour elle-même et pour les autres.

À ESSAYER : La réunion quotidienne devant le tableau des tâches

La réunion quotidienne (appelée *Daily Scrum* dans le cadre de travail Scrum et *Stand up meeting* dans la méthode agile eXtreme Programming) est la pratique agile la plus utilisée dans le monde comme le révèle VersionOne dans son étude annuelle.[14] La fonction RH n'y échappe pas.

Dans ce format très court (15 minutes maximum) où tout le monde est debout, en demi-cercle, devant le tableau des tâches, l'équipe se synchronise, se donne de la visibilité et évalue l'avancement du travail de chacun tout en identifiant et en cherchant à lever les points de blocage éventuels. Chaque membre de l'équipe peut ainsi savoir où en sont les autres et proposer son aide si nécessaire. Le tableau d'avancement des tâches est mis à jour en temps réel ce qui permet au client ou au management de connaître la réalité de la situation à tout instant.

Comment faire ?

La réunion quotidienne a donc lieu tous les jours à la même heure. À tour de rôle, chaque membre de l'équipe prend la parole et répond de manière factuelle et concise à 3 questions tout en déplaçant les Post-its représentant ses tâches d'une colonne à l'autre (À faire / En cours / Terminé) :

1. Qu'est-ce que j'ai fait hier ?

2. Qu'est-ce que je vais faire aujourd'hui ?

3. Qu'est-ce qui me bloque ?

La réunion quotidienne n'est pas une séance de résolution problème. Elle ne nécessite pas de compte-rendu. Puisque

---

14   https://explore.versionone.com/state-of-agile

le temps de parole est limité, je recommande aux équipes de réserver un « *After Daily* », plage de 15 à 30 minutes activable ou non, utilisable pour prolonger les échanges dans la foulée. Ce créneau est utile pour ceux qui ont besoin d'approfondir un élément, de discuter un point qui ne concerne pas tout le monde ou pour ceux qui se sentent frustrés de ne pas aborder plus avant une question qui leur est chère.

L'EXPÉRIMENTATION DANS LA FONCTION RESSOURCES HUMAINES

L'équipe RH agile est fortement associée à la démarche de transformation agile (par exemple en endossant le costume de Facilitateur de la transformation, cf. chapitres 1 et 7).

De plus, elle participe activement aux expérimentations mises en œuvre dans les saisons de transformation. Saison après saison, l'équipe RH Agile peut elle-même porter des initiatives d'amélioration des processus RH ou tout simplement intégrer, en tant que membre, une expérimentation pour laquelle elle manifeste un profond intérêt.

Chez Finance Active, fintech française spécialisée dans la gestion de la dette et des risques financiers, des stories « OKR » (Objectives Key Results) et « Rémunération » ont été embarquées dans des saisons de transformation. « L'évaluation 360 » a fait l'objet d'une story d'étude dans une première saison avant d'être expérimentée sur une partie de la R&D dans la saison suivante.

Chez Evaneos (plateforme dans le voyage sur mesure en ligne), la « Team Reward », groupe de travail d'une quinzaine de personnes représentant toute l'entreprise, a été lancée en octobre 2017 avec l'objectif de revoir le système de rémunération. Les premières propositions ont été mises en œuvre très vite. Plus tard, c'était une seconde version des OKR (Objectives Key Results), pratique déjà déployée dans l'entreprise, qui était à l'étude. Evaneos et ses fondateurs « *continuent d'itérer* ».

> Avec la transformation agile, la fonction RH mobilise les collaborateurs sur des expérimentations taguées RH. Elle teste des initiatives et de nouvelles pratiques puis en mesure les résultats.

L'équipe RH Agile adopte une culture de l'expérimentation.

Ce fut le cas chez Pictet Asset Management (acteur indépendant de la gestion d'actifs, basé à Genève) lors des premières saisons de transformation agile avec d'une part des sujets relatifs à la reconnaissance des compétences, un outil de feed-back ou le test d'un événement de socialisation / apprentissage et d'autre part avec la mise en place d'une organisation orientée produit et client.

Booking.com adopte aussi cette philosophie. L'entreprise commence par expérimenter puis adapte la pratique. Son travail sur les systèmes d'évaluation des performances en est la preuve.

Laszlo Bock résume admirablement bien cette culture de l'expérimentation RH, celle-là même qui l'habitait lors de son passage chez Google à la tête de « People Operations » et inspire encore aujourd'hui tant d'entrepreneurs:

« *Test an idea on just one team. Or try the idea on the whole company at once, but announce that it's a test for just a month and then you'll decide whether to make it permanent based on how people react.* »[15]

Le feed-back dans la fonction ressources humaines

L'équipe RH agile recherche non seulement un feed-back sur les expérimentations qu'elle met en œuvre dans les saisons de transformation, mais aussi un retour régulier sur ses propres activités.

Plus largement, le feed-back continu est privilégié et encouragé dans l'entreprise agile. L'équipe RH Agile sert de guide et montre l'exemple en la matière.

Après la culture de l'expérimentation, c'est un second choc culturel pour la plupart des entreprises. Il nécessite un apprentissage, un renforcement et des efforts permanents.

SeLoger, par exemple, a mis en place avec réussite l'outil Bloom pour évaluer tous les 15 jours sous la forme d'un questionnaire anonyme le taux d'épanouissement dans l'entreprise. Cet outil d'expression du salarié sert de base de discussion entre le manager et son équipe ; les RRH agiles y portent une grande attention. Son utilisation est passée de 40 % à son lancement à plus de 70 % en 2018.

La réflexion sur le feed-back déjà bien engagée chez Pictet Asset Management s'est concrétisée quand les premiers chapters (communautés formelles et éléments transverses de structure agile) se sont mis en place pour favoriser le développement des personnes et de leur expertise.

> **À ESSAYER : Un merci et les autres cartes Kudo**
>
> La reconnaissance est un élément majeur du bien-être au travail, dont l'impact sur la motivation est établi depuis des décennies en psychologie.
>
> Les Post-its (classiques ou en forme de cœur ou de fleur) et les cartes Kudo sont un bon moyen pour remercier et offrir une reconnaissance écrite et publique à un collègue pour son aide, son travail ou sa contribution pour l'équipe.

Il ne s'agit pas de reconnaissance financière, mais plutôt de signes de reconnaissance correspondant davantage aux « strokes positifs conditionnels » de l'analyse transactionnelle.

Comment faire ?

Les rétrospectives d'équipe sont des moments privilégiés pour se dire merci, et j'invite les Scrum Masters à y consacrer un peu de temps, mais cette approche peut être étendue et généralisée dans toute l'entreprise.

MERCI !

Jurgen Appelo, inventeur du Management 3.0 propose par exemple 7 cartes préimprimées parmi lesquelles : « Bien joué ! » « Merci ! » ou encore « Excellent travail ! ».

Il suffit d'imprimer les cartes et de les placer dans un endroit visible et accessible à proximité d'un grand mur dédié aux kudos ou d'une grande boîte kudo. Les collaborateurs remplissent les kudos au fil de l'eau puis les glissent dans la boîte ou les collent sur le mur.

Une fois par semaine ou une fois par mois, on ouvre la boîte et on annonce publiquement qui a reçu le compliment et pourquoi il l'a reçu.

L'AMÉLIORATION CONTINUE DANS LA FONCTION RESSOURCES HUMAINES

Comme toutes les équipes agiles, l'équipe RH agile met en place des rétrospectives régulières pour identifier ce qu'elle a fait de bien, se dire les choses et améliorer ses actions vis-à-vis de l'extérieur ainsi que son propre mode de fonctionnement. Ce travail d'introspection collectif commence par une remise en question de ses propres réunions et par une réflexion sur la valeur de celles-ci !

À ESSAYER : 13 Hacks de meeting

Les « réunions » sont un symbole culturel très fort.

Le meeting est l'un des éléments d'organisation qu'il est possible de hacker, c'est-à-dire dont il est possible de contourner les règles quand ces réunions deviennent source d'insatisfaction ou sont synonymes de perte de temps.

Le hacking est viral : quelques personnes commencent par donner l'exemple avec quelques hacks simples (« s'installer 3 minutes avant », « ranger son PC », « afficher deux feuilles A3 décrivant les objectifs et l'agenda », etc.).

Puis ces petits hacks vont se généraliser… d'abord aux réunions de l'équipe, puis de ceux qui interagissent avec elle.

Vient ensuite le tour d'équipes proches qui choisissent d'imiter la première équipe : le phénomène est alors en marche dans toute l'organisation.

Et si l'équipe RH Agile lançait cette formidable dynamique ?

Comment faire ?

Il suffit d'expérimenter ces 13 hacks.

- **Hack #1 :** Préparer vos meetings importants / workshops avec l'outil 7P :
  - *Purpose* (Quels sont les objectifs ?)
  - *People* (Qui va participer ?)
  - *Product* (Quel est l'attendu en sortie du workshop ?)
  - *Process* (Quel est l'agenda et la série d'activités et d'exercices ?)
  - *Preparation* (Quel est le travail de préparation préalable de la part des participants et organisateurs ?)
  - *Practical concerns* (Quels sont les éléments de logistique à envisager ?)
  - *Pitfalls* (Quels sont les pièges, les risques associés à l'événement ou aux ateliers ?)
- **Hack #2 :** Créer un espace de travail propice à la collaboration (circularité, affichage mural et tableau blanc ; mise à disposition de marqueurs et Post-its ; retrait des immenses tables de type comité au profit de petits espaces modulables).
- **Hack #3 :** Arriver en avance.
- **Hack #4 :** Partager puis afficher au mur l'objectif de la réunion.
- **Hack #5 :** Partager puis afficher au mur l'agenda de la réunion.
- **Hack #6 :** Montrer visuellement l'avancement de la réunion (en distinguant les items de l'agenda passés et en cours).

- **Hack #7 :** Se mettre d'accord collectivement sur les règles d'usage.

- **Hack #8 :** Mettre en place la technique des rôles délégués (Facilitateur, Co-Coach, Cadenceur et Pousse décisions cf. fin de ce chapitre) en tournant à chaque réunion.

- **Hack #9 :** Donner une orientation décisions aux débats avec un plan d'action ou une réflexion sur les prochaines étapes.

QUOI	IMPACT	QUI	QUAND
L'action à mener, exprimée par une tâche, la plus explicite possible (forme verbale), si possible en y associant une mesure.	L'impact attendu par cette action	La personne qui a la responsabilité de l'action.	L'échéance à laquelle l'action est due

- **Hack #10 :** Prendre 2 minutes pour débriefer (sur la façon d'améliorer la réunion) et prendre du feedback sur le temps investi (ROTI cf. page suivante).

- **Hack #11 :** En finir avec les inévitables prisonniers : toute présence à la réunion devient facultative.

- **Hack #12 :** Limiter les réunions à 45 minutes.

- **Hack #13 :** Changer de cadre de temps à autre : réunion debout, en marchant, dehors.

La valeur dans la fonction ressources humaines

La valeur générée pour les employés devient le premier critère de priorisation de l'ensemble des actions de l'équipe RH Agile.

- Elle maximise la valeur de ses actions (coût / impact), en particulier les actions d'amélioration taguées RH proposées dans le backlog d'amélioration de l'entreprise.

- Elle engage aussi une réflexion en termes de gaspillages ainsi que sur tous les irritants et obstacles pouvant l'affecter.

À ESSAYER : Le ROTI (Return on Time Invested) pour vos réunions

Aller à l'essentiel, éviter les gaspillages, ne conserver que ce qui nous apporte de la valeur… C'est valable pour le temps, pour l'ensemble de nos activités, nos documents, et aussi nos meetings.

Le ROTI est un outil de facilitation à expérimenter de temps à autre en clôture de réunion pour collecter du feedback et s'améliorer.

Comment faire ?

En toute fin de réunion, faites un rapide « Vote à 5 doigts » avec les participants pour évaluer la valeur du temps que vous y avez passé et le cas échéant, prenez les mesures qui s'imposent.

Traditionnellement, seules les personnes attribuant une note de 1 et 2 sont invitées à commenter leur choix pour faire différemment (mieux) la fois d'après.

L'échelle est simple :

- 5 doigts : **Excellente.** Voilà une super réunion dont l'équipe et moi allons bénéficier. Ça valait bien plus que le temps que j'y ai passé.

- 4 doigts : **Bonne.** Voilà une réunion au-dessus de la moyenne. J'ai gagné plus que le temps que j'y ai passé.

- 3 doigts : **Juste moyenne.** Je n'ai pas perdu mon temps, sans plus.

- 2 doigts : **Utile mais** ça ne valait pas à 100% le temps que j'y ai passé. J'ai donc perdu du temps.

- 1 doigt : **Inutile.** Je n'ai rien gagné et rien appris. J'ai vraiment perdu mon temps !

Si vous récoltez une majorité de 1 et 2 pour vos réunions, réagissez !

La confiance dans la fonction ressources humaines

Le lien de confiance entre les collaborateurs de l'entreprise, les managers et la fonction RH reste à améliorer.

Début 2015, ADP a livré la synthèse de 3 études mondiales au travers d'un livre blanc intitulé : « Gestion du capital humain déconnectée des salariés. Un état des lieux mondial »[16]. Seuls 38% des salariés européens estiment que la gestion des salariés est de bonne qualité.

Toujours en Europe, seulement 42% des salariés estiment qu'il est facile d'obtenir des réponses à leurs questions portant sur les RH.

La restauration du lien de confiance avec les salariés de l'entreprise passe pour l'équipe RH Agile par davantage de proximité et une meilleure connaissance mutuelle.

Elle exige également des actions concrètes, communes et bénéfiques pour chacun.

La culture agile vécue au cours des saisons de transformation va totalement dans ce sens. Les spécialistes RH et les collaborateurs travaillent ensemble sur des sujets qui les préoccupent, apprennent à se connaître et à se faire confiance mutuellement.

À ESSAYER : Le 1:1 (One-on-One)

Le 1:1 est une conversation d'environ 20 minutes en face à face entre le manager / leader et son collaborateur et une pratique qui peut être étendue facilement. Le 1:1 se mène chaque semaine avec chaque collaborateur.

Le manager / leader fait de l'autre sa priorité le temps de l'entretien : il se rend disponible, écoute activement et évite les perturbations extérieures.

Cette pratique permet :

- D'établir une véritable relation de confiance ou de

---

restaurer la confiance perdue.

- De mieux connaître son collaborateur, son travail, mais aussi la façon dont il fonctionne pour ajuster son style de management.

- De donner du feed-back et des signes de reconnaissance (sources de motivation).

- De donner la parole aux collaborateurs.

Dans l'entreprise agile, le 1:1 est une pratique clé entre le Chapter lead (cf. chapitre 7) et les membres de son chapter. L'équipe RH Agile prépare les chapter leads à ce nouveau mode d'interaction. Elle les suit au fil du temps et veille au bon déroulé de la démarche.

Comment faire ?

La durée, les façons de le planifier et de le mener (formel ou informel) ainsi que la fréquence (une fois par semaine ou toutes les deux semaines) peuvent varier. Par exemple, certains Chapter Leads que j'accompagne (cf. chapitre 7) réservent une plage disponible pour l'ensemble des membres de leur chapter, activable à la demande. D'autres préfèrent envoyer une invitation individuelle sur un créneau bien précis et instaurer le rituel.

Voici un exemple de format :

1. Démarrer par une courte entrée en matière permettant de cerner comment chacun se sent.

2. Enchaîner par un point sur les activités en cours ou à venir, évoquer les obstacles ou problèmes potentiels.

3. Donner du feed-back et sa perception de la situation.

4. Établir conjointement des mini plans d'action que ces rendez-vous permettront de suivre.

L'essentiel est d'être à l'écoute, mais il est important de prendre des notes pour ne pas perdre le fil et aider au développement de la personne. Ces notes sont utiles par ailleurs pour réaliser des évaluations de la performance plus fréquentes (trimestrielles, par exemple).

Être en soutien, proposer son aide ou encore endosser un costume de coach c'est tout l'enjeu du 1:1 pour le manager / leader et ce qui fait son utilité et son succès grandissant dans les entreprises.

Les collaborateurs sont les premiers bénéficiaires de ce rendez-vous qui profite aussi à la fonction RH (garante du cadre) associée au suivi des entretiens et alertée immédiatement en cas de difficultés.

Enfin les pratiques agiles initiées telles que la réunion quotidienne, le radiateur d'informations, la mise en œuvre d'objectifs communs sur un trimestre, le partage des objectifs sur un sprint ou encore les rétrospectives sont utiles pour améliorer le climat de confiance au sein même de l'équipe RH agile.

LE PARTAGE DANS LA FONCTION RESSOURCES HUMAINES

L'équipe RH agile utilise le management visuel (un tableau des tâches par exemple) pour partager et suivre l'avancement de ses propres activités, quotidiennement ou de manière hebdomadaire.

Besoins IT	Backlog Candidats	Entretien RH		Entretien Opérationnel		Entretien Management		Proposition	
		En cours	Fini	En cours	Fini	En cours	Fini	Envoyée	Résultat (OK/KO)
SM (1)	X	Y						Z	
DEV FRONT (3)	B	A							
DEV BACK (2)							C		

Figure : Tableau pour le partage et le suivi des tâches recrutement

C'est le cas de l'équipe RH de SeLoger qui se retrouve tous les lundis matin devant le Tableau agile pour un « weekly » de 30 minutes afin de partager l'avancement des projets RH et identifier les potentielles alertes. De la même manière à la fin de son sprint d'un mois, les membres de cette équipe font la démonstration aux autres de leurs objectifs de début de sprint. C'est un moment de partage qui donne de la visibilité sur les activités de chacun et se poursuit par une rétrospective qui permet de s'améliorer et de célébrer les succès du mois.

Démonstrations et management visuel sont désormais des pratiques populaires et reconnues du côté des Ressources Humaines.

Enfin la célébration d'une fin de saison de transformation agile (au moyen d'une **foire agile** par exemple) est l'occasion de partager avec toute l'entreprise une réflexion ou une expérimentation RH, engagée collectivement et de manière transversale.

Ce type d'événement permet de collecter un précieux feed-back.

L'AUTO-ORGANISATION DANS LA FONCTION RESSOURCES HUMAINES

L'équipe RH agile, comme toutes les équipes agiles de l'entreprise, s'auto-organise pour mener à bien ses activités.

Elle possède en son sein toutes les compétences nécessaires pour réaliser sa mission et résoudre les problèmes qui peuvent la freiner. Dans cette perspective, le ou la DRH fait évoluer sa propre posture pour soutenir cet effort d'auto-organisation dans son équipe.

> ## À ESSAYER : Les réunions déléguées
>
> La technique des réunions déléguées a été inventée par Alain Cardon. Son intérêt auprès des équipes et groupes de travail est indéniable. Elle est également utilisée dans le champ de l'éducation par certains professeurs avec leurs classes.
>
> L'idée de départ est de décharger le leader du cumul des rôles pour l'aider à se concentrer sur sa prise de décision et pour favoriser la circularité d'énergie et d'informations au sein de l'équipe. C'est un exemple de cadre favorisant l'auto-organisation.
>
> La technique des réunions déléguées est très adaptée pour les équipes de taille moyenne qui se réunissent régulièrement.
>
> ### Comment faire ?
>
> J'introduis les rôles délégués dans un mode supervision (en ouverture de réunion) ou sur un court atelier dédié. Les rôles sont décrits. Des volontaires parmi les personnes présentes choisissent d'endosser un rôle. À la réunion suivante, les rôles tournent.
>
> Quels sont les rôles délégués ?

Le facilitateur : Ce rôle consiste à augmenter l'efficacité du groupe et à aider chacun à donner le meilleur de lui-même.

Ses outils de prédilection : les techniques et postures de base de facilitation.

Le co-coach : Ce rôle consiste à donner des pistes d'amélioration sur la façon dont la réunion s'est déroulée.

Ses outils de prédilection : la position Meta et le feed-back centré sur l'amélioration donné quand c'est nécessaire ou en fin de séance. Le coach agile, s'il est présent, ne prend pas le rôle de co-coach.

Le cadenceur : C'est le maître de la cadence. Ce rôle consiste à être le gardien du timing qu'il rappelle régulièrement.

Ses outils de prédilection : sa montre et l'agenda affiché au mur par le facilitateur.

Le pousse-décisions : Ce rôle consiste à stimuler la décision, mais aussi, avec l'écrivain, à enregistrer les décisions prises (quoi, qui pilote, quand).

Véritable poil à gratter, ses expressions favorites sont « *Arrivons-nous à une décision ?* », « *N'est-ce pas le moment de prendre une décision ?* », « *Quelle décision peut-on prendre ?* ».

Le rapporteur (ou écrivain) : Ce rôle consiste à noter l'essentiel de ce qui est dit. Mémorisation et écoute active sont des petits « plus ».

Ses outils de prédilection : son cahier (ou paper board) et un bon stylo.

Ces 5 rôles sont les plus utilisés et ceux qui me semblent les plus évidents à mettre en œuvre. Sachez toutefois

qu'Alain Cardon propose deux autres rôles : « Hôte » et
« Technicien ».

Dans tous les cas, engagement, dynamisme et
responsabilisation sont au rendez-vous !

Chapitre 3 – En tant que RH Agile, je veux accompagner le Leader dans la transformation agile de l'entreprise

TRANSFORMATION ET LEADERSHIP AGILE

> Une transformation agile n'a nul besoin de responsable ;
> elle a besoin d'un leader éclairé et engagé en permanence.

Le leader agile est soutenu par de multiples agents du changement agile et par un facilitateur du changement motivé véritable guide pour celui-ci.

Robert Dilts[17] considère que le leadership peut se résumer dans la capacité à *exprimer une vision, influencer les autres pour obtenir des résultats, encourager la coopération en équipe et être un exemple.*

Dans un contexte de transformation agile, cette capacité est nécessairement teintée d'agilité puisque ce leadership doit de surcroît être aligné avec les principes et pratiques agiles. En d'autres termes, il s'agit pour un leader agile :

- *D'exprimer la vision d'un changement agile* pour ravir ses clients et ses employés. Le leader joue le rôle d'étincelle.

- *D'influencer les autres pour réussir la transformation.* Le leader est le premier agent du changement.

- *D'encourager la coopération en équipes, soutenir les équipes auto-organisées et promouvoir le travail ensemble à tous les étages* (à commencer par son CODIR) pour servir au mieux la transformation agile et ses enjeux.

- *D'être un exemple dans son propre comportement* et d'agir en cohérence avec la culture agile.

Volkmar Denner, président du directoire de Bosch, une entreprise

---

17   Robert Dilts, *Success Factor Modeling, Volume III: Conscious Leadership and Resilience: Orchestrating Innovation and Fitness for the Future*, 2017

leader dans son secteur (technologies et services) et présente dans plus de 60 pays, illustre ce leadership agile au plus haut niveau.

L'agilité est qualifiée de cruciale pour permettre à Bosch de conserver une position de leader en matière d'innovation :

« *For Bosch agility is crucial, it allows us to adjust to the increasing speed of the world around us. Agility allows us to remain in a position as an innovation leader.* » Volkmar Denner, mai 2017[18]

Résolument engagé pour l'agilité, le leader agile surfe habilement sur les thèmes de la complexité et du changement.

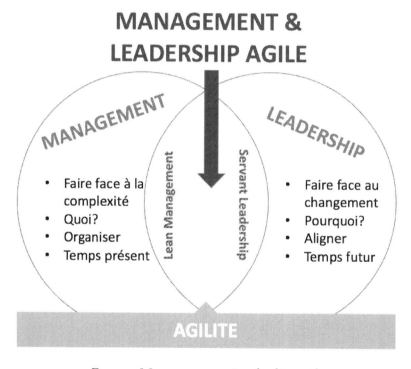

Figure : Management et Leadership agile

---

18   « Pour Bosch, l'agilité est essentielle. Grâce à elle, nous pouvons nous adapter à l'accélération du monde qui nous entoure. Grâce à elle, nous pouvons préserver notre position de leader de l'innovation. »

Le leader est celui qui fixe les priorités ; il est aussi celui qui donne naissance et officialise une transformation, quelle qu'en soit la nature.

Pour autant, prendre conscience, être l'étincelle et décider de se diriger vers une culture agile n'est pas suffisant.

> Le leader doit conserver la flamme agile et porter ce changement dans la durée, là où tant d'autres s'essoufflent et abandonnent en chemin.

Et c'est bien là, la difficulté de la tâche. Ce n'est pas seulement une activité de cent jours qui lui est demandée (pour reprendre la tradition politique), mais un engagement personnel permanent, sans faille et sur le long terme.

Ce qui fait la différence dans l'exercice du leadership agile :

- Une prise de conscience et profonde conviction qu'il faut y aller.
- Un changement de posture vers un leadership agile affirmé.
- Une fine compréhension de l'agilité.
- L'acceptation de l'incertitude et qu'on ne peut tout prévoir dans le détail.
- Des prises de parole répétées.
- La reconnaissance et la célébration des petites victoires.
- L'exemplarité.
- L'action permanente rythmée par des prises de recul régulières.
- La capacité à transmettre, à engager et embarquer tout le monde.
- La capacité à bien s'entourer.

Pour autant, l'exercice du leadership agile n'est ni inné ni acquis et un accompagnement du leader peut s'avérer précieux.

Le coaching agile de transformation est une première option pour aider les leaders à révéler, à développer, à amplifier de telles compétences & qualités.

Le soutien effectif du facilitateur de la transformation agile est une seconde option. Le rôle est nouveau (cf. chapitre 7). Il consiste à favoriser l'émergence et l'appropriation de la culture agile dans toute l'entreprise et à se mettre au service de ces Leaders pour accompagner le développement de leur leadership agile.

Jusqu'alors les profils de facilitateur de transformation les plus intéressants, parfois les plus motivés, se trouvaient à la Direction des Services informatiques (premier point d'entrée de l'agilité en entreprise), mais à l'aube d'une nouvelle décennie et face à de tels enjeux humains, il est temps de changer la donne !

> La révolution RH Agile c'est aussi l'association de la fonction RH au pilotage de la transformation agile en tant que facilitateur ou co-facilitateur du changement (en duo avec un profil au vécu agile déjà bien prononcé et reconnu dans l'entreprise) pour guider le leader et aider l'entreprise à devenir agile.

Au-delà d'un acte fort et symbolique, la constitution de ce binôme inédit RH / IT pour faciliter la transformation agile, permet à la fonction Ressources Humaines d'être la garante d'une approche globale, culturelle plus humaine et plus profonde de la transformation.

Acccompagner le leader dans l'action continue

> De la même manière que la confiance se construit sur les actes, le leadership se nourrit de l'action.

Les leaders et membres des comités de direction ne peuvent plus ignorer, encore plus dans ce contexte particulier qu'est une transformation organisationnelle, que chacun de leurs mots sont entendus et que chacun de leurs gestes sont observés attentivement. La moindre dissonance par rapport aux attendus et aux valeurs de la transformation est le signal fort que cette transformation ne vaut pas la peine d'être vécue. À l'inverse, si ces mêmes grands leaders accordent du temps et font de la place dans leur agenda à la transformation, s'ils soutiennent publiquement les initiatives, s'ils sont présents alors d'autres emboîteront le pas.

La mise en action des capacités décrites précédemment, la disponibilité nécessaire et la proximité requise peuvent être naturelles. Toutefois la plupart du temps, elles ne le sont pas ou nécessitent pour le moins d'être améliorées.

De plus, une transformation agile n'est pas un long fleuve tranquille. Des bons moments et d'autres plus difficiles vont se succéder sur le chemin. Il y a aussi des moments clés, parfois récurrents, pour lesquels les leaders devront être préparés et soutenus, guidés et encouragés :

- Le démarrage de la transformation agile (au travers d'une période de présaison) est crucial pour façonner le pourquoi de la transformation (urgences et désirs de changer, grande opportunité du changement et vision de la transformation), aligner, fédérer et mobiliser tout le monde.

- Les ouvertures et clôtures des saisons de transformation sont essentielles pour donner du sens, engager, s'améliorer et entretenir la dynamique. La participation du leader est fondamentale. C'est l'occasion pour lui de réaffirmer le pourquoi et de démontrer son propre engagement.

- Une présence remarquée sur le terrain dans des événements d'équipe (Revue de sprint ; démo) et la démonstration d'une plus grande disponibilité auprès de tous les collaborateurs sont à la fois indispensables et symboliques. Elles marquent les esprits.

À ESSAYER : Le MBWAL

Le Management by Walking Around & Listening est une déclinaison américaine du Gemba (Aller et Voir sur le terrain) qu'on retrouve dans le Lean Management. On retrouve sa source dans le livre « In search of Excellence »[19] de Peters et Waterman. Proximité et simplicité sont au cœur de cette pratique adoptée dans de nombreuses organisations américaines, une pratique qui se veut avant tout brève, informelle et si possible fréquente (pour en devenir plus naturelle).

Elle répond aux besoins des managers de :

• Prendre la température.

• Établir une véritable relation de confiance.

• Réduire la distance entre le manager et ses collaborateurs.

• Promouvoir une communication bidirectionnelle plus naturelle et moins formelle.

• Aller au-devant d'éventuels problèmes.

Comment faire ?

Pour mettre en pratique le MBWAL, il suffit de se lever de sa chaise et de quitter son bureau. L'idée est de se rendre disponible, par exemple 10-15 minutes pour commencer,

---

19   Thomas Peters, Robert Waterman jr, *In Search of Excellence: Lessons from America's Best-Run Companies,* 1983

tous les jours, en circulant et en rendant visite aux collaborateurs sur leur espace de travail.

Le leader observe, regarde ce qui se passe, écoute les conversations sans critique, s'intéresse à ce que font les gens en évitant de les interrompre. Il est préférable de garder un regard bienveillant, de se tenir prêt à noter d'éventuelles questions ou suggestions et à répondre à de possibles interrogations.

- Les prises de parole régulières sont des événements de communication nécessaires et rassurants. Le leader explique, donne de la visibilité, répond aux interrogations de chacun créant ainsi la sécurité psychologique indispensable à toute transformation de grande ampleur. Par exemple, tous les jeudis matin, les fondateurs d'Evaneos (scale-up dans le voyage sur mesure en ligne) répondent directement aux questions adressées par les collaborateurs.

Pour la RH agile, le challenge consiste à engager le leader et à l'aider à incarner l'agilité dans son action.

Les leaders, en étant une source d'inspiration pour les autres, tiennent bien souvent le sort de la transformation agile entre leurs mains.

Avec exemplarité, présence, authenticité et écoute, le leader doit donc agir et communiquer en continu, avec simplicité et transparence sur une transformation agile qu'il incarne et à laquelle il croit.

Acccompagner le leader dans son cheminement personnel

« *Incarne le changement que tu veux voir dans ce monde* » Gandhi

C'est à la fois le paradoxe et la richesse de ces profonds bouleversements organisationnels, car, pour que la transformation agile réussisse, le leader doit lui aussi évoluer. Il doit lui-même se transformer en incarnant ces valeurs fortes de l'agilité.

Frederic Laloux[20] insiste aussi sur ce changement individuel, préalable à l'action quand il évoque les deux conditions nécessaires pour créer une nouvelle forme d'organisation, dite opale (Teal dans sa version anglaise) et fortement connotée agile :

> « *1. Top leadership: The founder or top leader (let's call him the CEO for lack of a better term) must have integrated a worldview and psychological development consistent with the Teal developmental level.*
>
> *2. Ownership: Owners of the organization must also understand and embrace Evolutionary-Teal worldviews.* »[21]

Le leader, selon Frédéric Laloux doit donc avoir intégré une vision du monde et un développement psychologique cohérents avec le niveau de conscience opale.

Une telle prise de conscience ne peut se faire sans prise de recul, même s'il est difficile pour un directeur général ou le fondateur d'une entreprise de s'extraire d'un quotidien le plus souvent chargé et fortement rythmé.

---

20   Frédéric Laloux, *Reinventing Organizations: A Guide to Creating Organizations Inspired by the Next Stage in Human Consciousness*, 2014
21   « 1. Top leadership : le fondateur ou le principal leader (appelons-le le PDG par manque de terme plus approprié) doit avoir intégré une vision du monde et un développement psychologique en harmonie avec le niveau de développement opale.
       2. Responsabilité : les responsables de l'entreprise doivent également comprendre et accepter les visions du monde Évolutionnaire-Opale. »

Accompagnée par le facilitateur de la transformation agile ou par du coaching individuel, la prise de recul offre au leader la possibilité de revisiter sa carte du monde.

Elle lui permet de porter un regard décalé sur son entreprise, sur les situations de travail et ses multiples interactions.

Elle lui donne, s'il ne l'a pas déjà fait, la possibilité de s'interroger sur celui qu'il est et celui qu'il souhaite devenir en se détachant de l'ego.

Elle l'aide enfin à mobiliser ses propres ressources (qui lui serviront pour l'exercice du leadership agile), des ressources peut-être endormies, celles-là mêmes qui lui ont permis d'arriver jusqu'à la position qu'il occupe, d'entreprendre et de connaître ses plus belles réussites.

Les transformations agiles sont avant tout des transformations culturelles. Elles sont rendues possibles uniquement par cette prise de recul du leader et sa prise de conscience personnelle de l'utilité d'une quête de sens, de l'urgence et du désir de changer ou encore de l'existence d'autres façons de faire.

> Une seule règle pour le leader : s'éveiller soi-même pour éveiller l'entreprise !
>
> Une seule règle pour l'équipe RH Agile : lui offrir un soutien inconditionnel.

Chapitre 4 – En tant que RH Agile je veux promouvoir le sens et la culture d'entreprise

Sens, culture d'entreprise et agilité

> L'entreprise agile est la rencontre de la culture agile et d'UNE culture d'entreprise.

Maurice Thévenet[22] et Edgar Schein[23] nous proposent deux définitions très similaires de la culture d'entreprise.

Pour le premier, « *la culture d'entreprise est un ensemble de références* **partagées** *dans l'entreprise, consciemment ou pas, qui se sont développées et construites* **tout au long de son histoire** » (Thévenet, 2010).

Pour le second, elle est « *un ensemble de prémisses et de croyances* **partagées** *que le groupe a appris* **au fur et à mesure** *qu'il a résolu ses problèmes d'adaptation externe et d'intégration interne* » (Schein, 1985).

Pour les salariés, les Ressources Humaines en ont toujours été les porteuses et les représentantes. Chez Google, les « People Operations » se considèrent depuis longtemps comme les « champions » de la culture d'entreprise et se donnent pour mission de la promouvoir.

Socle de la culture d'entreprise, l'importance du sens (c'est-à-dire **« POURQUOI NOUS FAISONS CE QUE NOUS FAISONS ? »**), n'est plus à prouver :

- Le sens est à la base du **positionnement stratégique de l'entreprise** : « *Pourquoi existons-nous ? Qu'est-ce qui nous rend uniques ?* »

- Toujours au niveau de l'entreprise, le sens revêt un caractère crucial dans **la dynamique de transformation agile** : « *Pourquoi souhaitons-nous nous transformer ? Que souhaitons-nous créer au travers de cette transformation ? Que signifie une culture agile pour nous ?* »

---

22   Maurice Thévenet, *La culture d'entreprise*, 2010
23   Edgar Schein, *Organisational culture and leadership: A dynamic view*, 1985

- Sur le plan individuel, le sens est considéré comme un **besoin universel**, source de bien-être, de performance et de motivation (comme le soulignait Dan Pink[24], vulgarisant les travaux effectués sur la théorie de l'autodétermination).

- Sur le plan collectif, les récents travaux de Google dans le cadre du projet Aristote[25], laissent apparaître que le sens et l'impact du travail sont deux des cinq piliers des équipes performantes. Les résultats de l'étude réalisée à travers le monde auprès de 180 équipes montrent que le travail réalisé pour l'équipe doit avoir du sens et doit pouvoir contribuer aux objectifs de l'organisation.

Au-delà des recherches expérimentales, les salariés eux-mêmes considèrent que la question du sens leur est essentielle. Dans une étude menée par Deloitte et Viadeo en 2017, le niveau d'importance accordé par les salariés au sens au travail est de 8,7 sur 10.

Important donc, et pourtant, ce travail sur le sens est encore trop souvent absent des entreprises.

La même étude Deloitte et Viadeo (2017) révèle, par exemple, que 55% des salariés jugent que le sens au travail s'est dégradé.

Pire encore, une autre étude, portant cette fois-ci sur le bonheur au travail des Français, réalisée par l'institut Think pour la Fabrique Spinoza montre que presque un salarié sur deux (44%) ne trouve aucun sens à son travail. Le terme « brown-out »[26] (terme faisant écho au malheureusement bien connu « burn out » qui qualifie l'épuisement professionnel) fait même son apparition pour qualifier le sentiment chez le salarié que son travail ne sert à rien et une incompréhension de son rôle dans l'entreprise.

---

24   Dan Pink, *La vérité sur ce qui nous motive,* 2011
25   https://rework.withgoogle.com/guides/understanding-team-effectiveness/steps/introduction/
26   François Baumann, *Le brown-out,* 2018

En parallèle, l'enquête internationale Gallup[27] sur l'engagement au travail livre des résultats alarmants pour les salariés français :

- **6 % de salariés engagés** (c'est-à-dire contribuant pleinement aux objectifs de l'entreprise. Un résultat en baisse par rapport à 2013 et très bas par rapport aux 33 % de salariés engagés aux États-Unis).

- **69 % de salariés non engagés** (c'est-à-dire passifs et détachés de l'entreprise).

- **25 % de salariés activement désengagés** (c'est-à-dire dans une posture de « saboteur »).

> Il est temps de réagir et de profiter de la transformation agile (puisque le sens est le point de départ de toute transformation) pour inverser la tendance, revisiter le sens en le travaillant ouvertement, efficacement et collectivement.

Historiquement porteuse de ce travail sur le sens la fonction RH reste toujours la mieux placée pour organiser, faciliter et mobiliser l'intelligence collective sur la raison d'être et la vision de l'entreprise. Elle possède aussi la légitimité de consulter les salariés, de tester les valeurs d'entreprise et de questionner les croyances conscientes et inconscientes. Enfin elle peut s'assurer de l'alignement de l'ensemble de ces éléments avec la culture agile.

Cet intense travail sur le sens, déclenché et accentué par l'intégration de la culture agile impose de nouveaux impératifs à l'équipe RH Agile :

- Commencer par le Pourquoi.

- Coconstruire le sens.

- Viser l'alignement.

- Faire vivre le sens en permanence.

---

27   https://www.gallup.com/workplace/238079/state-global-workplace-2017.aspx

COMMENCER PAR LE POURQUOI

Il est indispensable de prendre le temps de s'interroger sur ce qui compte et sur les raisons qui nous poussent à agir pour se positionner, se recentrer, fédérer ou encore inspirer.

Commencer par le pourquoi pour inspirer les autres : c'est justement ce que suggère Simon Sinek[28] (2011) dans son ouvrage « Start with why ».

Pour cela, l'auteur décrit un cercle d'or centré sur le sens et l'ordonnancement particulier des trois questions :

1. Pourquoi ?

2. Comment ?

3. Quoi ?

Les éléments relatifs au pourquoi sont les premiers à communiquer. La finalité doit être expliquée au plus tôt.

C'est le prérequis de la culture agile et en substance le message envoyé récemment par la loi PACTE (Plan d'action pour la croissance et la transformation des entreprises). Votée en 2019, la loi invite les entreprises françaises à redéfinir leur raison d'être et à opter pour une orientation « long terme ». La raison d'être est le projet de long terme dans lequel s'inscrit l'objet social de l'entreprise.

La mission d'une entreprise correspond à sa raison d'être et explicite ce fameux pourquoi. Elle est donc naturellement la toute première composante du sens et l'élément clé du **positionnement stratégique** de l'entreprise.

La mission est censée répondre à ces deux questions fondamentales :

- « *Pourquoi existons-nous ?* »

- « *Pourquoi sommes-nous engagés dans cette activité ?* »

Ce travail de réflexion sur l'identité même de l'entreprise, sur ce qui la rend unique nécessite de la part des responsables et des collaborateurs

---

28   Simon Sinek, *Start with why*, 2011

de prendre du recul et de sortir, un temps, d'activités opérationnelles marquées par l'ici et maintenant.

> La mission s'inscrit sur le long terme et évolue peu dans le temps sauf virage stratégique majeur.

Sur le fond, la mission doit rassembler, être ambitieuse et inspirante pour être porteuse de sens. Elle l'est d'autant plus que sa contribution au monde est visible (d'un point de vue sociétal, environnemental ou au service d'une grande cause par exemple).

Sur la forme, la mission doit être courte, orientée action et inclure une proposition de valeur idéalement ciblée pour être lisible, signifiante et compréhensible.

Une fois établie, la mission pourra être utilisée **en interne** pour rassembler et stimuler comme **en externe** pour se positionner et attirer. Il est donc essentiel de la promouvoir.

Voici trois bons exemples de mission d'entreprise :

- Danone : « *Apporter la santé par l'alimentation au plus grand nombre.* »
- Google : « *Organiser les informations à l'échelle mondiale pour les rendre accessibles et utiles à tous.* »
- Nike : « *Apporter l'inspiration et l'innovation à chaque athlète dans le monde.* »

L'attention et les efforts portés pour établir ou confirmer la mission de l'entreprise sont tout autant indispensables à plus petite échelle, au niveau d'une équipe ou d'un département. La mission de l'équipe concourt également à donner du sens au travail de ses membres.

Soutenus par l'équipe RH Agile, les leaders des grands groupes, les créateurs d'entreprises ou encore les fondateurs de start-up sont les mieux placés pour déclencher la réflexion, engager ce questionnement rigoureux qui ne peut, culture agile oblige, se poursuivre que dans la co-construction.

COCONSTRUIRE LE SENS ET LE FUTUR

La culture agile promeut le travail ensemble, le partage ou encore le feed-back. L'entreprise entière doit sortir de sa zone de confort et jouer la carte de la co-construction du sens et de l'agilité. Attendre du leader, aussi « charismatique » soit-il, qu'il soit le seul et l'unique créateur et porteur du sens est une croyance qui relève d'une vision archaïque et idéologique de l'entreprise.

> La quête de sens est avant tout une activité d'exploration expérimentale, progressive et surtout collective.

La vision, seconde composante du sens, est quant à elle tournée vers le futur. Elle possède un enjeu fort de projection, comme le souligne Peter Senge : « *la vision est l'image du futur qu'on cherche à créer* ».

La vision vient fixer le cap de l'entreprise à moyen et long terme. Comme la mission, c'est un élément clé de la stratégie d'entreprise.

La vision d'entreprise se veut inspirante et fédératrice. Elle est censée répondre à ces trois questions majeures :

- « *Que souhaitions-nous créer dans les mois et les années qui viennent ?* »

- « *Que souhaitons-nous devenir dans 3, 5 ou 10 ans* »

- « *Quels sont nos 5 grands défis pour les mois et les années qui viennent ?* »

La vision d'entreprise est utile elle aussi tant en **externe** qu'en **interne**. Elle permet aux collaborateurs de savoir où souhaite aller l'entreprise et de connaître les grands chantiers sur lesquels ils vont devoir se mobiliser.

La vision d'entreprise la plus puissante et la plus mobilisatrice est celle qui est coconstruite avec l'ensemble des salariés puis qui se décline en des objectifs opérationnels et des actions concrètes. Leroy Merlin

France a fait ce pari en 2015 en décidant d'écrire et de partager un projet d'entreprise à 22 000 personnes. Le groupe en récolte encore les fruits aujourd'hui.

Les visions d'entreprise déconnectées du terrain, d'une portée à trop long terme et décidées unilatéralement sont à proscrire. Elles sont inutiles et inefficientes que ce soit en interne ou en externe.

Voici 3 bons exemples de vision d'entreprise (du moins sur la forme) :

- Danone : « *Se développer tout en faisant prospérer son écosystème, préserver notre planète et apporter la santé aux générations actuelles et à venir* ».

- Ford : « *Devenir la première entreprise au monde de produits et services automobiles* ».

- Leroy Merlin : « *Construisons avec tous les nouvelles façons d'habiter pour mieux vivre demain* ».

Viser l'alignement du sens

Ce travail progressif de co-construction du sens s'accompagne de la recherche constante d'une cohérence entre ses différentes composantes :

1. La mission et la vision (décrites précédemment) doivent être alignées avec le socle identitaire collectif de l'entreprise constitué par les valeurs (*ce qui compte*) et les croyances (*évaluations et jugements en tout genre*).

2. Cohérent et coconstruit, le sens doit être aligné avec ce qui fait le quotidien des personnes.

3. Enfin dans le cadre d'une transformation agile, le tout doit être aligné avec les valeurs, principes et pratiques de l'agilité.

L'effort d'alignement est donc conséquent, mais le jeu en vaut la chandelle.

Des valeurs qui fédèrent

Incontournables de la culture d'entreprise, les valeurs sont des principes, des qualités chargées de sens ou encore des motivations de base qui peuvent guider nos décisions et affecter nos activités. Les valeurs sont rendues opérationnelles et contextualisées par des croyances (et modèles mentaux) les concernant.

Les valeurs d'entreprise permettent de :

- Proposer un cadre de référence commun à tous.

- Poser les limites de ce qui est acceptable et non acceptable dans l'entreprise.

- Renforcer ou inhiber les actions et comportements.

- Amorcer une dynamique de changement sur la base de ce qui compte.

Les valeurs sont des éléments porteurs de sens sur lesquels l'entreprise peut s'appuyer pour fonctionner et se développer quand elles sont véritablement vécues (et pas simplement à l'état de valeurs affichées, c'est-à-dire creuses, vides de sens et totalement ignorées).

Zappos (entreprise spécialisée dans la distribution de chaussures, aujourd'hui rachetée par Amazon) considérée comme l'*entreprise du bonheur* a fait cet immense travail sur la culture, les valeurs et leur incarnation au quotidien. La position de Tony Hsieh (son CEO) sur la question est assez tranchée : les valeurs sont le socle de la culture d'entreprise et doivent être vécues par chaque collaborateur. Dans le cas de Zappos, les 10 valeurs se veulent délibérément inspirantes et orientées action[29] :

1. *Étonner le client par la qualité de service.*

2. *Adopter et susciter le changement.*

3. *Être drôle et un peu insolite.*

4. *Être aventureux, créatif et ouvert d'esprit.*

5. *Croître et apprendre.*

6. *Forger des relations ouvertes et honnêtes.*

7. *Créer une équipe constructive, animée par un esprit de famille.*

8. *Faire plus avec moins.*

9. *Être passionné et déterminé.*

10. *Être humble.*

Le travail engagé sur les valeurs se combine bien avec le questionnement sur la raison d'être de l'entreprise ; c'est un point de départ efficace et mobilisateur pour démarrer des transformations d'envergure.

Les valeurs sont l'affaire de tous. Les RH et les dirigeants doivent donner le temps et les moyens d'impliquer tout le monde dans leur élaboration. **Coconstruire** le système de valeurs est indispensable non seulement parce qu'il appartient et impacte tous les membres de l'entreprise, mais aussi pour que ces valeurs d'entreprise soient utiles,

---

29   https://www.zappos.com/c/about-zappos-culture

utilisables et utilisées.

Sur le fond et la forme, chaque valeur identifiée doit être accompagnée d'une petite phrase la mettant en action, lui donnant orientation et contexte pour en faciliter sa compréhension et s'assurer que ces valeurs correspondent à la réalité et sont bel et bien vécues !

Netflix et BlaBlaCar (la célèbre plateforme communautaire de covoiturage) sont exemplaires sur ce point. Chaque valeur ou « BlaBlaPrinciples »[30] est décrit en termes de comportements et compétences :

« Share more. Learn more. (Partager plus. Apprendre plus). Nous apprenons et grandissons ensemble, en équipe. Nous développons des connaissances et deviendrons collectivement meilleurs si nous apprenons les uns des autres, d'une équipe à une autre, et si nous partageons l'information. Nous partageons également nos enseignements avec le reste de l'écosystème. »

À ESSAYER : Les valeurs en action

Pour que les valeurs soient vécues, utiles et efficaces, j'invite mes clients individuellement ou collectivement à mettre chacune de leurs valeurs en action.

Comment faire ?

Ce travail repose sur trois questions :

- *Quelles sont les capacités nécessaires à l'établissement de cette valeur ?*

- *Quelles activités, dans mon comportement ou celui d'autrui, expriment le mieux cette valeur ?*

- *Quels sont les contextes ou situations où cette valeur doit s'exprimer en priorité ?*

Le résultat apparaît sur un large tableau qui devient un beau support de discussion.

---

30   https://www.blablacar.fr/a-propos/nos-valeurs

Des croyances qui donnent le ton

Dernières composantes du sens, les croyances sont des jugements, des évaluations à propos de nous, des autres et du Monde qui alimentent nos schémas mentaux.

Si les valeurs sont en nombre limité (à peine quelques-unes), ce n'est pas le cas des croyances dont le nombre est illimité... Conscientes ou inconscientes, individuelles ou collectives, issues de son histoire personnelle ou héritées de la culture d'entreprise (voire des cultures nationales[31]), positives ou négatives, aidantes ou limitantes, les croyances en entreprise sont aussi d'une grande variabilité.

Sur le plan collectif, les croyances sont des éléments essentiels de la culture d'entreprise, le plus souvent non négociables. Elles portent sur les questions les plus variées du passé, du présent ou du futur. Elles concernent les sujets les plus anodins (hypothèses, pronostics divers, croyances sur ce qui marchera ou ne marchera pas), mais aussi des sujets plus importants (ces croyances de base sur ce qui est vrai, la nature des relations humaines, la place de l'homme au travail ou encore les valeurs de l'entreprise). Les croyances portent aussi inévitablement sur le futur de l'entreprise et le sujet même des transformations (l'agilité par exemple).

Dans tous les cas, les croyances ont une influence marquée sur les autres composantes du sens, les relations entre les personnes, les méthodes et structures de travail ou encore les pratiques managériales.

Laszlo Bock[32], l'ancien responsable des ressources humaines de Google en donne une belle illustration :

« Si vous croyez que les gens sont bons, vous ne devez pas avoir peur de partager l'information avec eux. »

Mac Gregor (1960) fournit quant à lui un modèle bien connu de croyances de base impactant toute l'organisation.

---

31   Geert Hofstede, *Culture et organisations*, 2010
32   Laszlo Bock, *Work Rules! Insights from Inside Google that Will Transform How You Live and Lead*, 2016

Selon la théorie X et les croyances associées	Selon la théorie Y et les croyances associées
• L'Homme n'aime pas le travail.	• L'Homme aime travailler.
• Les employés n'ont pas d'ambition et fuient les responsabilités.	• Les employés aiment les défis.
• Les employés sont paresseux.	• Les employés recherchent les responsabilités et l'autonomie.
• Les employés doivent être contrôlés et surveillés.	• Les employés sont capables d'apprendre.
• Les employés veulent être dirigés.	• Les employés s'auto-organisent et font preuve de créativité dans la réalisation de leur travail.
• Les employés sont seulement motivés par l'argent.	• L'Homme est motivé par le fait de se réaliser.

Les théories X/Y proposent au final deux systèmes de croyances extrêmes et diamétralement opposés. L'adoption par un dirigeant ou une entreprise de croyances de base X ou Y aura des conséquences marquantes sur la vie de l'entreprise, le quotidien des gens et sur les pratiques managériales. La façon d'aborder le changement et donc le sort réservé à la culture agile seront aussi largement impactés.

La démarche de transformation orchestrée chez SOL, n°2 des services de nettoyage en Finlande, l'illustre parfaitement.

Les premières actions de transformation étaient ouvertement alignées avec cette croyance forte inspirée par la théorie Y : « *Chacun veut être bon, faire un bon travail. Les gens ne sont pas paresseux* ». Ce postulat a grandement facilité l'interrogation des salariés sur leur cadre de travail idéal et permis d'aboutir à la réalisation d'une quantité impressionnante d'actions d'amélioration : revalorisation du métier, formations approfondies, mise en place de groupes autonomes, incitation à travailler de chez soi...

L'échec d'un grand nombre de programmes de transformation agile s'explique en partie par ce travail insuffisant d'alignement et par un système de valeurs et de croyances de base incompatible avec la culture agile. Avec le temps les meilleures volontés finissent par s'essouffler.

Faire vivre le sens en permanence

La démarche collective de co-construction du sens le met inévitablement sous le feu des projecteurs. Il fait l'objet de sessions de travail et de consultation. Il est discuté, questionné, valorisé, bref rendu vivant !

Il est alors important d'aller plus loin dans le partage et la communication de ce sens nouveau pour le rendre toujours plus visible et l'ancrer. La façon dont il est alors véhiculé au quotidien est de l'ordre du symbolique.

Ritz Carlton donne une belle illustration d'ancrage quotidien. Les Gold Standards sont les fondations de la culture de la célèbre chaîne d'hôtellerie de luxe. Pour ancrer ce socle culturel, un line-up de 15 minutes est organisé tous les jours dans chaque hôtel pour discuter d'un élément précis : credo, motto ou l'une des 12 valeurs du service. L'ordre est le même pour tous. C'est devenu un rituel d'entreprise.

> Le pourquoi de la transformation ou encore la mission de l'entreprise doivent s'afficher de manière visible et permanente : c'est un minimum. L'équipe RH Agile n'a de cesse de les répéter.

Chapitre 5 – En tant que RH Agile, je veux miser sur les collectifs et les faire grandir

SOUTENIR L'INTELLIGENCE COLLECTIVE ET LA DIVERSITÉ

Après avoir été longtemps tenue éloignée des réflexions, la dimension collective du travail monte enfin en puissance au sein des entreprises et l'agilité y est pour beaucoup :

- Le collectif devient l'affaire de tous, du collaborateur au leader.

- Les collectifs sont aujourd'hui au cœur des transformations agile (à commencer par les petites équipes pluridisciplinaires orientées produit et d'autres entités structurelles plus transverses).

- Les Ressources Humaines ont pour rôle de valoriser et de stimuler l'épanouissement de ces collectifs (en collaboration avec les managers).

- Une des priorités de l'équipe RH Agile est d'augmenter la diversité en termes d'expériences, de savoirs, d'idées et de points de vue dans ces collectifs.

Facilitatrice d'innovation, la fonction RH part en quête des différences qui provoquent les coups de chance et font rayonner l'entreprise et ses salariés. Pour l'équipe RH agile, soutenir la diversité n'est pas seulement un réflexe humaniste, c'est croire avant tout en une pensée constructiviste et adaptative conduisant au succès.

À ESSAYER : Des jeux pour l'innovation et l'intelligence collective

« On peut en savoir plus sur quelqu'un en une heure de jeu qu'en une année de conversation » Platon

Pour répondre aux enjeux d'innovation et d'intelligence collective, je recommande l'utilisation d'une approche ludique dans des ateliers dédiés auprès de grands collectifs.

Elle favorise l'appropriation des problématiques, encourage une réflexion collective ciblée et permet l'émergence de solutions créatives.

Comme d'autres approches participatives telles que le Forum ouvert (Open Space Technology[33]) et le World Café, les jeux pour l'innovation laissent une empreinte émotionnelle très forte chez ceux qui y participent.

L'autre intérêt d'une approche par les jeux réside dans le fait que les comportements observés en situation de jeux sont souvent le reflet systémique de la situation réelle des personnes coachées, ce qui procure au coach des opportunités de décryptage des situations.

Comment faire ?

Il existe différents types de jeux.

- **Des jeux pour apprendre :** Ils sont utilisés pour découvrir un concept et se l'approprier ou l'expérimenter sur la base ou non d'analogies. Ils sont d'une grande pertinence au niveau individuel et collectif et donnent un nouveau souffle à l'activité de formation.

- **Des jeux pour innover et collaborer :** Ils sont utilisés pour se rassembler afin de résoudre, ensemble des problèmes complexes plus spécifiques. Intéressant en coaching, car ils sont facilement déclinables en termes de périmètre (au niveau de l'entreprise entière, d'un département, d'un service ou d'une équipe).

À mi-chemin entre la facilitation, la formation et le coaching, les jeux en entreprise ont donc de multiples usages et vont totalement dans le sens de la culture agile

---

33 http://www.eveilagile.com/forum-ouvert-lancer-transformation-agile/

(accélérateurs : *Travail Ensemble, Expérimentation* et *Feedback*).

CRÉER UN ENVIRONNEMENT PROPICE À LA COLLABORATION ET AU TRAVAIL DES ÉQUIPES AGILE

Déjà facilitatrice d'innovation, l'équipe RH Agile ajoute une corde à son arc en devenant facilitatrice de collaboration. Elle adopte une nouvelle posture, se met au service du collectif et travaille de concert avec le management pour mettre en place un environnement propice au succès des équipes.

Au niveau des équipes agiles

Agir sur l'environnement de travail passe en premier lieu par un réaménagement des espaces de travail pour permettre aux équipes agiles (petites par nature) d'être **colocalisées**.

C'est un chantier prioritaire pour les entreprises qui misent sur l'agilité. Pour chaque équipe, les lignes directrices sont les suivantes :

- Un seul et même espace sans séparation pour collaborer et interagir facilement : travailler ensemble, demander de l'aide, solliciter du feed-back, etc.

- Au moins un grand mur (sur l'un des côtés) pour y installer un radiateur d'informations[34] (dont un tableau des tâches) et un peu de recul pour être en mesure de faire la réunion quotidienne devant celui-ci.

- Une petite salle de réunion à proximité pour y réaliser certains événements agiles (comme les ateliers de conception, les rétrospectives ou les démonstrations). La salle dispose d'un système de projection (pour coder ensemble, faire des présentations, etc.) et de tableaux

---

34   Un radiateur d'informations est un élément de management visuel. Accessible et visible de tous, il rassemble les informations clés relatives au produit en développement et présentant en temps réel les principaux indicateurs d'avancement

blancs pour pouvoir conceptualiser, partager, modéliser et imaginer ensemble.

Évidemment plus le nombre d'équipes agiles est grand, plus l'effort à produire pour aménager l'environnement de travail est important !

Par exemple, Oxalide, entreprise de services numériques, spécialisée dans la gestion agile d'architectures web open source, a complètement revu l'aménagement de ses espaces de travail quand les quatre BU (nouvelles équipes agiles pluridisciplinaires et colocalisées) ont été lancées dans le cadre de la transformation agile de l'entreprise.

Cette question déjà épineuse pour les petites et moyennes entreprises l'est encore davantage pour les grands groupes et leur nombre impressionnant d'équipes agiles.

Cinq cents, c'est par exemple le nombre d'équipes qui travaillent dans les locaux d'USAA, la compagnie d'assurance américaine. Chez Barclays, banque de 135 000 employés engagée depuis longtemps dans une transformation agile de grande ampleur, ce sont plus de mille équipes agiles qui doivent disposer de leur propre espace de travail.

Enfin, la logistique devait être au rendez-vous quand huit à dix équipes se lançaient chaque mois chez 3M Health Information System au moment de l'adoption de l'agilité.

Au niveau de l'entreprise

La présence ou la possibilité de réserver de grands, voire de très grands espaces d'échanges à proximité pour y organiser de grands événements inspirants et mobilisateurs impliquant l'ensemble des collaborateurs est un véritable atout. Les prises de parole informelles, « townhall », les célébrations, les lancements et clôtures des saisons de transformation agile (via Open Space Technology[35] ou Foire Agile) sont des événements qui font partie de l'ADN de l'entreprise agile.

Agir sur l'environnement de travail passe aussi par la mise à disposition de toute l'entreprise d'outils collaboratifs toujours plus performants

---

35   http://www.eveilagile.com/forum-ouvert-lancer-transformation-agile/

pour soutenir le travail des communautés et des équipes agiles :

- Solutions de vidéoconférence.
- Solutions d'audioconférences (et matériel adéquat).
- Outils collaboratifs (Slack, Confluence, etc.).
- Outils de gestion de projets agiles (Jira, Trello, etc.).

Ce type d'outillage est tout simplement crucial pour faciliter le travail et la communication dans des contextes d'agilité à distance où le travail s'organise en mode distribué entre plusieurs sites.

Et le télétravail ?

Le télétravail[36] est une attente de beaucoup de salariés et plus largement une tendance sociétale. Le télétravail n'est pas imposé. Cette flexibilité du cadre de travail est d'abord proposée pour plus de confort chez les salariés et une amélioration de la qualité de vie.

Le télétravail apporte des gains personnels (plus de liberté dans la gestion de son temps, bénéfices sur la vie familiale, gains sur le temps de transport, baisse du stress), mais aussi des bénéfices écologiques et environnementaux. Récemment, certaines situations extrêmes (grèves, épidémies, etc.) ont accentué son intérêt auprès des décideurs.

Preuve de son importance pour les collaborateurs, « *Définir le cadre du télétravail* » fut le premier Labs de la saison #1 pour l'entreprise Amabis, éditeur parisien spécialiste de la data client, lors de sa transformation en 2018. Plus largement, « *Télétravail* », « *work from home* », « *mobilité* » sont des sujets d'expérimentation populaires, régulièrement abordés et explorés dans le cadre des saisons de transformation agile.

De nombreux outils se sont développés pour faciliter le télétravail si bien

---

36   Le télétravail se définit comme toute forme d'organisation du travail dans laquelle un travail, qui aurait également pu être exécuté dans les locaux de l'employeur, est effectué par un salarié hors de ces locaux de façon régulière et volontaire en utilisant les technologies de l'information dans le cadre d'un contrat de travail ou d'un avenant à celui-ci. (2005)

que certaines sociétés travaillent même exclusivement dans ce format. Jason Fried et David Heinemeier Hansson, fondateurs de l'éditeur de logiciel Basecamp, sont parmi les premiers à en faire la promotion en énumérant dans Remote[37] les bienfaits constatés de ce nouveau mode de travail : gains de productivité, économie de déplacements, meilleure concentration et baisse des distractions, accès aux meilleurs talents.

Automattic, la société éditrice de Wordpress, WooCommerce ou encore Gravatar, a même fini par fermer son bureau de San Francisco devant le peu de personnes présentes quotidiennement. Le télétravail est dans les gènes de cette start-up fondée en 2005 et déjà présente dans 68 pays. Les 761 salariés peuvent choisir là où ils veulent travailler. Cela n'empêche pas la tenue d'un grand Meetup pour tous une fois par an et de rencontres plus locales tout le long de l'année.

Télétravail et agilité ?

Il est incontestable que le nombre de télétravailleurs augmente. Le télétravail peut prendre différentes formes y compris chez les équipes agiles où il est également encouragé :

- Des équipes pour lesquelles c'est le mode par défaut (elles ne se retrouvent que ponctuellement).

- Des équipes qui tournent avec 1 jour ou 2 jours de télétravail fixes par semaine.

- D'autres équipes qui ont seulement 1 jour, non fixé, avec tout ou partie de l'équipe concernée.

Et c'est bien le paradoxe de l'agilité : d'un côté favoriser le travail colocalisé, de l'autre ne pas aller contre l'idée du télétravail.

Le télétravail apporte donc plus de confort et des gains de productivité, mais qu'en est-il de l'impact sur le potentiel créatif, le lien social et l'esprit d'équipe ?

Malgré la nette amélioration des moyens de communication, la

---

37   Jason Fried et David Heinemeier Hansson *Remote: Office Not Required*, 2013

différence avec une équipe colocalisée reste notable. L'esprit d'équipe est plus élevé et la collaboration plus efficace quand les personnes travaillent au même endroit, au même moment.

Scrum, mais aussi les activités créatives ou de réflexion, les sessions de travail en mode Workshop en petits groupes, ou en grands groupes (Forum Ouvert ou World Café) ont en commun de poser le cadre d'une rencontre physique pour travailler ensemble et faire émerger de nouvelles choses.

Le télétravail en tant que mode de travail doit être aligné avec les valeurs et croyances de l'entreprise et défendu par son leader. La confiance et la volonté de privilégier le lien social sont des critères déterminants.

Si la confiance n'est pas là ou que les interactions, le lien social, l'intelligence collective sont mis en avant, alors le choix sera vraisemblablement de limiter le télétravail puisqu'il ne facilite pas le travail ensemble.

À contrario, si la confiance est à un haut niveau dans l'entreprise, si l'accent est mis sur la personne, son bien-être et l'expérience employés, alors la voie du télétravail sera sans doute choisie.

Néanmoins, certaines conditions devront être remplies pour que télétravail et agilité se marient avec succès dans le quotidien des équipes agiles :

- Poser un cadre pour le télétravail en contexte et définir les règles du jeu collectivement pour chaque équipe agile.

- Proposer un télétravail à la carte (pas de jours fixes ou imposés par exemple), mais anticipé et hors événements d'équipe majeurs.

- Privilégier le présentiel au démarrage du projet et à la mise en place de l'équipe, en particulier sur la période de cadrage qui peut durer de quelques jours à quelques semaines.

- Limiter le télétravail à quelques jours dans un sprint (en mode exception).

- Définir collectivement les jours des événements agiles majeurs pour s'assurer de la présence de tous.

- Investir dans des outils collaboratifs efficaces pour faciliter le travail ensemble de chez soi.

- Bénéficier d'un soutien fort du management et des RH.

Et le flex office ?

En parallèle de ces actions prises en faveur d'un environnement de travail plus propice à la croissance de l'agilité, l'équipe RH Agile doit résister à la tentation et à la mode du flex office, véritable entrave au « travail ensemble » des équipes agiles.

Le flex office ou bureau mobile consiste pour un salarié à ne plus avoir de bureau fixe. Ce mode d'aménagement est d'abord né dans les grands cabinets de conseil (Accenture, Deloitte, etc.) pour réduire les coûts immobiliers dans un contexte où une grande partie des bureaux étaient inoccupés. Le flex office s'impose désormais aux sièges sociaux de grandes entreprises (Sanofi, Engie, Danone, Bouygues Télécom, Axa, etc.) ou à de grandes banques (UBS, Citybank, Société Générale, BNP Paribas, etc.) toujours pour les mêmes raisons économiques, mais aussi pour le prestige de bâtiments flambant neufs et au summum des nouvelles technologies.

L'idée semble plaisante sur le papier puisque ces nouveaux aménagements mettent souvent fin aux bureaux fermés. Ils invitent les dirigeants et managers à montrer l'exemple, en travaillant au plus près de leurs collaborateurs. L'aménagement en flex office s'accompagne aussi de plus d'espaces collectifs et d'éléments favorisant le bien-être du collaborateur (nouvelles technologies, espaces ouverts, plantes, salles de détente, salles café, kitchenettes, des bibliothèques, espaces de créativité, etc.).

Pourtant la réalité est beaucoup moins réjouissante en particulier pour les équipes agiles. Contrairement au télétravail, le flex office ne répond pas à des préoccupations sociétales et aux attentes des salariés : la logique est purement économique. Le flex office n'est pas proposé, il est imposé et les salariés doivent donc adapter leur travail, leurs activités, leur expérience à cette nouvelle contrainte environnementale.

> Le flex office ne va pas dans le sens de la culture agile. Si elle mise sur l'expérience employé, le collectif et la culture agile, l'équipe RH agile doit donc savoir dire non au Flex office.

Ce qui est pertinent pour un cabinet de conseil ou d'audit, spécialiste de la réduction des coûts, ne l'est pas forcément pour une équipe agile chargée de travailler ensemble au quotidien et sur le long terme à la livraison d'un produit pour ravir un client final.

En plus d'un sentiment d'appartenance qui peut décroître sur le plan individuel, le flex office est nuisible au travail ensemble d'une équipe agile qui a besoin de repères (non de nomadisme) et d'un environnement de travail propice à la collaboration. Le flex office génère par ailleurs des situations ubuesques avec des morceaux de management visuel disséminés ici ou là dans des salles de réunion partagées.

Au final, les personnes isolées travaillant dans un contexte d'agilité distribué représentent la seule situation pour laquelle le flex office peut convenir.

Pour les autres, la seule option acceptable quand le flex office est imposé à l'entreprise ou au département est de négocier (le plus souvent dans la douleur) et d'aménager pour les équipes agiles des territoires / zones d'équipes non concernés par ce mode.

FAVORISER LA CRÉATION DE LIENS ENTRE LES COLLABORATEURS POUR UNE MEILLEURE EXPÉRIENCE EMPLOYÉ

Le besoin de lien social est un besoin universel présent chez tout être humain, source de bien-être et de motivation. Miser sur le collectif et le lien entre les personnes est donc payant pour les entreprises ; beaucoup d'entre elles l'ont déjà compris et font preuve de créativité sur la question.

Chez Pictet Asset Management (acteur indépendant de la gestion d'actifs, basé à Genève), l'initiative « M-Eat & Breakfast » a été lancée au cours d'une des saisons de transformation agile. Elle permet à un petit groupe de personnes (RH inclus) de travailler ensemble pendant près de 3 mois pour offrir chaque semaine, à un nouveau groupe de 20-25 personnes, un petit-déjeuner informel source d'apprentissage et de socialisation. Cette expérience a reçu un écho très favorable de la part des salariés.

Undercurrent (agence marketing américaine) met à disposition de ses collaborateurs 400 USD par trimestre afin qu'ils pratiquent ensemble des activités hors travail.

Dans le même esprit, chez Ozvision, chaque employé reçoit, un jour dans l'année, 200 USD qu'il peut dépenser comme il veut pour quelqu'un. Sa seule responsabilité est ensuite de raconter l'histoire de ce don.

« Moins coûteux », Zappos a mis en place le « Face Game ». En plus des habituels login/mot de passe, chaque employé Zappos passe par une étape supplémentaire pour se connecter au système : il s'agit de la photo d'un autre employé accompagnée d'un petit quiz pour trouver le nom de celui-ci. Une courte bio de la personne s'affiche quand le nom est trouvé. Cette opération permet aux gens de mieux se connaître.

Beaucoup moins virtuelles, les communautés de pratiques (groupes de partage et d'apprentissage autour d'un intérêt commun) permettent également de créer du lien, de sortir des silos et de la verticalité.

À ESSAYER : La CoP Manager agile et CODEV

La communauté de pratiques de managers n'est pas celle à laquelle les agents du changement agile songent en premier, pourtant elle répond à des besoins grandissants.

Le management ne s'apprend pas sur les bancs de l'école. Quelques bases théoriques sont nécessaires, mais l'essentiel est expérientiel.

L'ambition finale de ce type de communauté est d'apprendre des autres et du terrain pour construire l'identité commune du manager agile dans l'entreprise. Plus concrètement il s'agit de :

- Apprendre, de monter en compétences sur la base de cas réels.

- Échanger sur les pratiques de management agile avec des personnes qui vivent la même chose et dans le contexte de l'entreprise, avec sa propre culture, sa propre structure, ses propres contraintes, etc.

- Propager les bonnes idées, ce qui marche bien avec les équipes ou les personnes.

- Rassembler les managers et façonner un collectif par-delà les lignes organisationnelles.

- Coordonner et assurer la nécessaire cohérence dans la façon d'aborder et de gérer les équipes.

Comment faire ?

La fréquence et la durée des rencontres « de ces cercles de managers » peuvent varier.

Il est important que les managers comprennent l'importance de ce temps de pause par rapport à leurs activités opérationnelles.

Voici quelques clés pour que la CoP des Managers Agile fonctionne et dure sur le long terme :

Clé #1 : Du temps et un soutien marqué de la hiérarchie.

Clé #2 : Un animateur présent et passionné.

Clé #3 : Un cadre et la bonne fréquence.

Clé #4 : De l'inattendu et une grande variété des formats.

Clé #5 : Des actions et du suivi.

Clé #6 : Un outil virtuel en complément des rencontres physiques.

Clé #7 : La caution d'un référent, d'un expert ou d'un coach.

Les sessions thématiques introduites par une légère base théorique et laissant place à la pratique sont bien accueillies, tout comme le format « Club de lecture » d'où ressort une question clé : « *quelle idée ou pratique décrite dans le livre vais-je pouvoir expérimenter dès ce lundi ?* ».

Les sessions de codéveloppement managérial fonctionnent aussi très bien. Plus codifiées, elles sont organisées autour de situations managériales qui posent problème et sur lesquelles les pairs vont pouvoir proposer un éclairage et amener le manager à voir la situation sous un angle nouveau.

Utilisant les mêmes ressorts, les chapters (un type de communauté plus formel autour d'une expertise ou d'un métier) font quant à eux partie intégrante du dispositif de transformation agile. Créateurs de liens, ils sont utilisés pour développer les compétences de leurs membres et garantissent l'alignement entre des équipes de développement produit dont l'autonomie a été amplifiée.

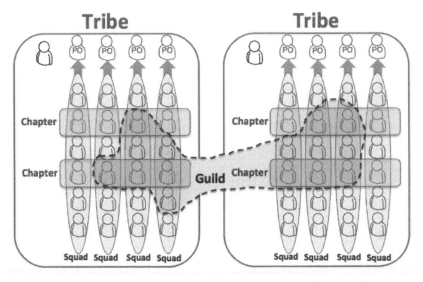

Figure : Henrik Kniberg et Anders Ivarsson, Scaling Agile @ Spotify with Tribes, Squads, Chapters & Guilds, 2012

Spotify fut la première entreprise à mettre en place des chapters pour les membres de ses équipes agiles (appelées « squads). L'éditeur suédois de musique en ligne permet à ses collaborateurs de passer en moyenne 1h par semaine dans leur chapter.

Inspirées par ce retour d'expérience, plusieurs communautés d'experts ont été mises en place en marge des squads chez Evaneos. On y retrouve des communautés Prod, Dev, Product, Finance, Country Managers, HR, Marketing, etc.

METTRE UNE PINCÉE DE COLLECTIF DANS LES PROCESSUS RH

Les activités de recrutement, d'évaluation des performances, les augmentations ou encore la formation ne sont plus dans les mains d'un seul manager, mais se font désormais à plusieurs.

Cette dynamique collective se retrouve également dans la déclinaison des objectifs de la démarche OKR (Objectives Key Results) mise en place par Google et déployée dans de très nombreuses entreprises. L'approche se veut agile et transparente et se traduit par la fixation d'objectifs très ambitieux. Chaque objectif est défini par l'employé lui-même, puis amendé, le cas échéant, par son manager direct. À chaque objectif sont associés des « key results » qui sont des indicateurs de performance réalisables et quantifiables.

Plus l'entreprise devient agile, plus elle s'attache à développer des objectifs collectifs en complément des objectifs individuels (notamment de carrière et de développement) de chaque collaborateur.

> Le premier enjeu pour l'équipe RH agile est d'encourager la mise en œuvre d'objectifs collectifs à différents niveaux : celui de l'équipe agile, celui du département (ou de la tribu) et celui de l'entreprise elle-même.

Google affiche depuis longtemps sa volonté de miser sur le collectif. L'entreprise est aussi un bel exemple à suivre en termes de transition vers des prises de décision plus collectives. Comme le souligne Laszlo Bock[38], son ancien responsable des ressources humaines, au lieu d'être prises individuellement, de plus en plus de décisions sont prises par un groupe de pairs, un comité ou une équipe indépendante :

- Qui recruter.

---

38   Laszlo Bock, *Work Rules! Insights from Inside Google that Will Transform How You Live and Lead*, 2016

- Qui licencier.
- La notation de la performance d'une personne.
- Le montant des augmentations et autres bonus.
- L'attribution de récompenses.
- Qui promouvoir.
- L'évaluation de la qualité du code nécessaire pour intégration.
- Le design final d'un produit.
- La date de lancement d'un produit.

AES corporation, entreprise américaine du secteur de la production et la distribution d'électricité, propose quant à elle un processus innovant et collectif : l'Advice Process. Chacun dans l'entreprise peut prendre une décision, mais avant de le faire il doit prendre l'avis de toutes les personnes affectées et des experts. L'avis des autres et les points de vue sont intégrés, mais la décision finale reste dans les mains de la personne à l'initiative du processus. En somme, tout le monde peut faire entendre sa voix, mais personne n'a le pouvoir de bloquer.

Le second enjeu pour l'équipe RH agile est d'amener l'entreprise à passer progressivement d'une prise de décision individuelle à une prise de décision collective.

Chapitre 6 – En tant que RH Agile, je veux innover et réinventer les pratiques RH de l'entreprise

L'ÉVALUATION DE LA PERFORMANCE

La culture agile (avec l'accélérateur feed-back) défend une mesure de la performance réalisée sur des cycles courts, très fréquemment voire en continu.

L'agilité implique aussi une évolution des façons de faire en termes de formalisme et de mode d'évaluation pour rendre le système plus efficace, plus juste, moins opaque et plus satisfaisant.

Au cœur du dispositif d'évaluation, le modèle annuel d'évaluation est aujourd'hui largement dépassé, bien que restant très prisé par les entreprises.

Microsoft, Adobe, IBM, Goldman Sachs, General Electric, Google ou encore Deloitte l'ont déjà supprimé et, quel que soit le secteur d'activité, de plus en plus de voix s'élèvent pour alerter sur les dysfonctionnements du fameux « entretien annuel » :

- Absence de vision et de prise en compte des véritables besoins des collaborateurs.

- Insatisfaction des collaborateurs, mais aussi des managers (à près de 95 %).

- Manque d'utilité de la solution proposée et du résultat de l'entretien

- Effet tunnel (une année c'est très long).

- Feed-back unique et trop tardif pour apporter la moindre modification.

- Coup de stress et pression sur le temps quand le grand moment arrive.

- Qualité dégradée (puisqu'on est déjà et toujours en retard !).

- Surprise et déception à l'arrivée.

111

L'entretien annuel n'est donc pas l'exercice que les managers affectionnent le plus.

« *Pénible* », « *stressant* » et « *coûteux* » sont quelques-uns des qualificatifs donnés par le manager d'un grand groupe bancaire après son quatorzième entretien en tout juste trois semaines.

« *Ouf... Expédié en 20 minutes, mais j'en ai encore trois aujourd'hui* », s'exclamait l'un de ses collègues.

Du côté des collaborateurs, le même sentiment prédomine et les visages n'apparaissent pas plus réjouis avant et au sortir de l'entretien.

> Seulement 3% des jeunes talents souhaitent être évalués de manière ponctuelle et annuelle (étude Deloitte 2016[39]).

L'une des premières tâches de l'équipe RH Agile est de revoir le processus d'évaluation de la performance et de mettre fin à l'entretien individuel annuel.

Pour cela il est indispensable de questionner et de rendre conscients les croyances limitantes et autres impossibles organisationnels du type : « *Il est impossible de remettre en cause la politique RH* ».

Dans le même temps, l'équipe RH agile va travailler à élargir le champ des possibles, s'appuyant sur ce qui est peut-être déjà connu ou ce qui est fait ailleurs. Par exemple : « *Oui, il est possible de décorréler l'évaluation de la rémunération* ».

L'équipe RH Agile pose alors de nouvelles règles cohérentes avec les valeurs et la culture de l'entreprise en lançant et testant ces initiatives par le biais d'expérimentations.

Règle #1 : Envisager un mode d'évaluation et de feed-back en continu.

L'évaluation continue est réalisée dans un mode conversationnel sur la base d'entretiens 1:1 et de « checks » moins fréquents (trimestriels comme c'est le cas par exemple chez Microsoft).

---

39   Étude Deloitte, *Les nouvelles formes d'évaluation de la performance : effet de mode ou lame de fond ?*, 2016

Les entretiens individuels ont lieu une fois par semaine entre chaque collaborateur et son manager / leader.

Règle #2 : Enrichir cet entretien hebdomadaire d'un journal de progression individuel pour garder le fil.

Règle #3 : Thématiser une fois par mois l'un des 1:1 hebdomadaires avec une problématique d'évolution.

Ce que fait, avec réussite, l'éditeur de logiciel australien Atlassian.

Règle #4 : Former les managers / leaders à l'entretien de coaching.

L'accompagnement des managers devient une priorité pour les Ressources Humaines. Des formations à la conduite d'entretien RH (un minimum), à l'entretien de coaching, à l'approche appréciative, voire même au coaching professionnel, peuvent être proposées. Une belle illustration est donnée par l'équipe RH de SeLoger qui se transforme en coach RH en accompagnant les managers sur leur posture de coach !

Règle #5 : Faire évoluer les grilles d'évaluation en sortant d'une évaluation réductrice de la compétence pour passer à une évaluation plus propice aux interactions.

À ESSAYER : L'évaluation orientée Solutions

Plutôt que d'attribuer à une compétence une note unique et peu représentative de l'ensemble des expériences vécues par le collaborateur, il est plus pertinent pour évaluer cette compétence de proposer la distribution de 100 points sur une échelle de 1 à 5.

En effet, une compétence se nourrit d'expériences, bonnes ou moins bonnes, et ne peut se résumer à un seul chiffre.

Le mode d'évaluation avec répartition de 100 points est innovant et plus juste. Il prend en compte cette diversité et invite les personnes à envisager la complétude de leurs activités et de leurs expériences.

Comment faire ?

Les collaborateurs s'auto évaluent en répartissant 100 points (par lot de 10) sur chaque compétence.

Guidés par un questionnement orienté solutions, la conversation s'engage pour décrire ces expériences.

Les collaborateurs sont ensuite invités à imaginer des petits pas pour améliorer telle ou telle compétence.

	Très faible	Faible	Moyen	Bien	Très bien
Créativité		10	60	30	
Communication			30	50	20
Pensée critique			20	70	10
Esprit collaboratif			10	60	30
Orientation client		10	20	60	10

Figure : Système de notation de compétences inspiré de Mc Kergow et Clarke[40]

Règle #6 : Inclure de nouvelles pratiques dans les entretiens comme le jeu des cartes de motivation pour mieux comprendre les collaborateurs, leurs attentes et ce qui les motive.

À ESSAYER : Le jeu des cartes de motivation

Je propose à mes clients managers /leaders d'utiliser le jeu des cartes de motivation avec leurs collaborateurs pour comprendre ce qui motive ces derniers (facteurs intrinsèques) et comment un changement ou une situation peut les affecter.

Le jeu, basé sur les théories de psychologie sociale, a

---

40   Mark Mc Kergow et Jenny Clarke, *Positive Approaches to Change*, 2005

été inventé par Jurgen Appelo et fait partie de la palette d'outils « Management 3.0 »[41]. Son format ludique est propice aux échanges.

Les 10 cartes sont les suivantes :

1. Acceptation : *Les gens autour de moi approuvent ce que je fais et qui je suis.*

2. Curiosité : *J'ai plein de choses à étudier et auxquelles penser.*

3. Liberté : *Je suis autonome sur mon propre travail et mes responsabilités.*

4. Statut : *Ma position est bonne et reconnue par les personnes qui travaillent avec moi.*

5. But : *Mon but dans la vie se reflète dans le travail que je fais.*

6. Honneur : *Mes valeurs personnelles se retrouvent dans le groupe et cela augmente ma loyauté.*

7. Maîtrise : *Mon travail challenge mes compétences, mais reste dans le domaine de mes capacités.*

8. Ordre : *Il y a suffisamment de règles et de politiques pour me fournir un environnement stable.*

9. Pouvoir : *J'ai assez de possibilités pour influencer ce qui se passe autour de moi.*

10. Relations sociales : *J'ai un bon réseau social personnel et professionnel.*

Comment faire ?

Le jeu se déroule en trois temps et fonctionne aussi bien

---

41   https://1qjpt15fhlq3xjfpm2utibj1-wpengine.netdna-ssl.com/wp-content/uploads/2016/03/Management30-MovingMotivatorCards-2015-self-print-A4-French.pdf

dans le cadre d'un entretien individuel que dans un atelier de cohésion d'équipe.

- Une première étape consiste à faire classer les 10 cartes par la (les) personne(s), par ordre d'importance de gauche à droite.

- Une seconde étape consiste à engager une discussion sur l'ordre des cartes pour mieux comprendre ces éléments de motivation et sur la façon dont ils se concrétisent dans le quotidien des personnes.

- Une troisième étape consiste à visualiser comment une situation ou un changement affecte ou non, positivement ou négativement, chacune de ces cartes.

La culture agile milite également pour une évaluation de la performance plus collective.

À l'heure où les équipes agiles **auto-organisées** se multiplient, que les communautés ou autres chapters émergent, il devient de moins en moins pertinent que l'évaluation de la performance ne soit réalisée que par une seule personne.

Dans les contextes agiles, le responsable hiérarchique d'un collaborateur est loin d'être celui qui interagit le plus avec celui-ci. Coéquipiers, clients, personnes collaborant quotidiennement ou régulièrement avec ce dernier sont les mieux placés pour donner un feed-back sur son travail et sa performance.

Les évaluations par les pairs et évaluations 360 vont non seulement dans le bon sens : elles sont indispensables dans l'entreprise agile.

Chez Valve par exemple, tout employé doit donner un feed-back sur chaque personne avec qui il a travaillé.

HCL Technologies, société de services indienne, a depuis longtemps mis en place les évaluations 360 pour l'ensemble des collaborateurs.

Nul doute que ce type d'évaluation sera amené à s'amplifier dans les années qui viennent.

L'équipe RH Agile doit d'ores et déjà réfléchir à la façon d'organiser ce feed-back plus collectif (depuis l'identification des donneurs de feed-back au travail de collecte, de l'agrégation des données recueillies à l'exploitation des résultats en passant par la mise à disposition d'un outillage approprié).

L'intégration (« Onboarding »)

L'arrivée d'un nouveau salarié et son intégration dans l'entreprise est un moment fort de l'expérience employé. Le premier jour reste marquant et symbolique : c'est un moment de vérité. Les premières semaines sont déterminantes.

> Dans l'entreprise agile, tout nouveau collaborateur est formé à l'agilité dans les jours qui suivent son arrivée.

Règle #1 : Préparer l'arrivée avec l'équipe agile de destination.

Un poste de travail « prêt à l'emploi » laisse toujours une bonne impression au nouvel équipier agile. Il est toujours bénéfique d'impliquer dans ce travail de préparation l'équipe agile qui va accueillir son nouveau membre : elle est la plus à même de savoir ce dont ce dernier aura besoin pour bien démarrer. Dans l'entreprise agile, la responsabilité de « l'on-boarding » peut passer dans les mains du Chapter Lead (cf. chapitre 7) chargé de coordonner l'activité et de coopérer avec le Scrum Master et l'équipe de destination. La dimension collective reste fortement présente.

Pages wiki, liste de liens utiles, présentations produit (vision, stratégie, etc.) sont autant de petits plus qui peuvent faire la différence dans l'expérience du nouvel arrivant.

Règle #2 : Professionnaliser un parcours d'intégration et profiter de cette période pour transmettre sa culture d'entreprise et la culture agile au nouvel arrivant.

L'équipe RH agile porte une grande attention à l'intégration des nouveaux embauchés en professionnalisant des programmes d'intégration.

Au-delà du welcome pack, ce type de programme peut inclure les indispensables messages de bienvenue et journée d'accueil, un dispositif de parrainage, des séminaires, courtes sensibilisations ou formations (dont l'agilité), des « Vis ma vie » et autres safaris agiles (cf. chapitre

7), etc.

Certaines sociétés, encore rares, profitent de cette période pour confirmer l'adéquation de leur culture d'entreprise au profil du nouveau collaborateur.

Zappos, réputée pour être une entreprise où il fait bon travailler, propose même jusqu'à 4000 USD au nouvel arrivant qui décide finalement de quitter l'entreprise au cours des quatre semaines d'intégration. Tony Hsieh, PDG de Zappos, souhaite s'assurer avec cette pratique que ses employés ne travaillent pas seulement pour recevoir « *leur chèque à la fin du mois* », mais qu'ils adhèrent aux valeurs de l'entreprise et aiment y travailler. Après le rachat de Zappos par Amazon, Jeff Bezos a repris et adapté le principe cette fois hors période d'intégration.

Ces entreprises mettent un point d'honneur à partager au plus vite les codes de leur culture. Elles en font la promotion par la remise d'un manuel du nouvel arrivant (comme chez Valve, éditeur de jeux) ou par un livre racontant leur histoire. Ceux de Zappos (« *Zappos Culture Book*[42] ») et de Netflix (« Freedom & Responsability Culture »[43]) sont parmi les plus remarquables.

Plus globalement les parcours d'intégration individualisés d'une durée significative (jusqu'à quelques mois) ont tendance à se généraliser. Durant cette période le nouveau collaborateur a l'occasion de s'imprégner de la culture d'entreprise, de découvrir l'organisation dans son ensemble pour mieux comprendre les enjeux et l'écosystème.

C'est aussi l'occasion de passer du temps avec les équipes et de découvrir (en mode immersion pour de courtes durées) l'ambiance de telle ou telle tribu.

Par exemple, chez Michelin (entreprise française devenue groupe mondial de fabrication de pneumatiques) rien n'est laissé au hasard durant cette période. L'intégration d'un nouvel embauché commence par une journée d'accueil, l'attribution et la présence d'un accompagnateur d'intégration puis se poursuit par un stage terrain, un séminaire d'intégration et un bilan en fin de période.

---

42   https://www.zapposinsights.com/culture-book
43   https://www.slideshare.net/reed2001/culture-2009

Le parrainage, pratique déjà bien établie dans les grands cabinets de conseil (Accenture, Deloitte, etc.) a le vent en poupe. Les dénominations peuvent varier : accompagnateur (Michelin), parrain (Cdiscount), mentor (BlablaCar, L'Oréal) ou buddy (Evaneos, Prestashop, Sarenza...). Mais la mission reste la même : accompagner et faciliter l'intégration du nouvel arrivant, lui faire découvrir l'entreprise, le familiariser avec la culture et faciliter la création de liens.

Sur le terrain, Scrum Master et Chapter lead (cf. chapitre 7) sont les mieux placés pour accueillir le nouvel équipier agile au sein de sa nouvelle équipe et au sein de son chapter. Ils peuvent jouer le rôle de parrain.

Règle #3 : Demander au nouvel embauché un rapport d'étonnement.

Le rapport d'étonnement du nouvel embauché est systématiquement demandé lorsqu'un collaborateur rejoint l'entreprise.

L'équipe RH Agile lui demande de consigner tout ce qui a pu le surprendre : faits positifs, éléments plutôt neutres ou faits négatifs. Ce type d'information, idéalement formalisé par écrit, offre un regard précieux pour les ressources humaines et le management. Il incite aussi le nouvel arrivant à prendre du recul, à donner du **feed-back** et à s'inscrire dans une logique d'**amélioration** (deux accélérateurs de culture agile).

Le recrutement

Fortement impactée par la nécessité de trouver de bons profils agiles, l'activité de recrutement évolue aussi considérablement. Globalement, elle étend le nombre d'acteurs impliqués à commencer par les équipes agiles elles-mêmes.

Règle #1 : Comprendre, décomposer et visualiser le flux du recrutement.

Cette première règle concerne le processus de recrutement. L'équipe RH agile initie son backlog priorisé des demandes de postes. Le flux d'activités est décomposé, les points d'entrée et de sortie sont définis et les acteurs impliqués sont identifiés et représentés sur le processus (jusqu'à la partie contractuelle et logistique). Un tableau Kanban rend visibles l'ensemble du flux et l'avancement des tâches.

Règle #2 : Donner la main aux équipes.

La seconde évolution réside dans l'implication des équipes agiles dans le recrutement de celles ou ceux qui sont amenés à les rejoindre. Le recrutement n'est plus seulement une responsabilité des Ressources Humaines et du management. Même si les modalités fluctuent, les équipes sont davantage responsabilisées.

Elles sont associées à la demande de poste et sont consultées pour donner leur avis sur le CV des candidats. Elles le reçoivent dans le cadre d'un entretien et peuvent même exercer un droit de veto si le candidat ne correspond pas au poste requis ou si elles sentent une dissonance profonde avec l'identité du groupe.

Règle #3 : Piloter par les valeurs.

L'activité de recrutement bénéficie du travail réalisé par l'équipe RH agile sur les éléments clés de la culture d'entreprise (sa mission, sa vision, ses valeurs).

La présentation de l'entreprise et de sa culture est facilitée puisque le sens et l'identité de l'entreprise sont connus et partagés.

Les recruteurs bénéficient de nouveaux critères pour guider leur choix et identifier le bon profil. Le sens du collectif et l'alignement sur les valeurs de l'entreprise deviennent des critères déterminants.

« *Sur les valeurs, en tant que recruteur, on ne lâche rien* », soulignait récemment une RRH agile de SeLoger.

LA RÉMUNÉRATION

Le salaire n'est pas un facteur de motivation intrinsèque ; en revanche si l'impression de ne pas être suffisamment rémunéré est ressentie, elle peut rapidement conduire à la **démotivation**.

La rémunération au même titre que la sécurité ou les conditions de travail sont des facteurs dits d'hygiène. Herzberg, auteur de la théorie bifactorielle[44] (1966) nous rappelle que la présence de ces facteurs n'est pas suffisante pour motiver en particulier sur le long terme. En revanche, l'auteur reconnaît que leur absence, le sentiment qu'ils ne sont pas à niveau ou leur détérioration est source de démotivation.

Par conséquent, il est indispensable de **payer « ce qu'il faut »** et de **payer « juste »** pour être en mesure de se focaliser sur l'essentiel : la valorisation du travail et du collectif.

> La culture agile va dans le sens de la simplicité, de la transparence et de l'équité c'est pourquoi le « prix du marché » doit servir de base de référence.

Règle #1 : Être au fait du prix du marché.

Au-delà de la règle, cette intention forte implique un travail de veille permanent sur les salaires pour l'ensemble des métiers de l'entreprise. Simple en apparence, elle exige toutefois la mise en place d'un corps de connaissance et d'un référentiel des métiers voire même d'un système d'échelon (ou de parcours ou cadre) de carrière pour chacun de ceux-ci.

A chaque échelon (il peut en avoir entre quatre et six) sont associés :

- Un niveau de compétences techniques, métier, de leadership, de collaboration (collectives).
- Un niveau de diplôme et d'expérience.
- Un niveau de rémunération (le même pour tous au sein de l'échelon).

---

44   Frederick Herzberg, *Work and the nature of man*, 1966

Un tel système autorise la diversité et l'évolutivité. Il maintient un haut niveau de transparence et d'équité et constitue donc un élément fort du cadre agile RH et managérial. Il est très pertinent pour les métiers de la Tech et du Produit.

Le premier usage des échelons et niveaux reste le **développement des personnes et de leur expertise.** Le système permet de répondre à cette question cruciale que tout employé se pose : « comment vais-je grandir ou progresser ? » Le fait qu'il facilite le recrutement et la rémunération est un bénéfice indirect.

En aucun cas, le système d'échelons ou de parcours de carrière ne doit être vu et assimilé à des niveaux hiérarchiques, des titres, grades ou symboles de pouvoir ou de prestige (comme à l'ancienne diront certains). Il s'agit uniquement d'un instrument de progrès.

Dans l'entreprise agile, la co-construction de ce système se fait dans les chapters avec le soutien du management et des Ressources Humaines en tant que garantes d'un cadre homogène.

Buffer, l'éditeur de solution « Social media » fait figure de référence sur la question. L'entreprise est transparente sur son propre système d'échelon, base de sa formule de salaire qu'elle rend visible et accessible[45]. Tout nouveau candidat peut savoir ce qu'il peut gagner en rejoignant la compagnie et ses quatre-vingt-dix collaborateurs « remote only » travaillant aux quatre coins du monde.

Règle #2 : Se positionner au Top du marché.

Netflix, Criteo (spécialiste du ciblage publicitaire sur internet) et d'autres entreprises ont adopté ce positionnement et choisissent de payer leurs collaborateurs au plus haut du marché, évacuant d'entrée la question financière : un pas vers la simplicité et l'excellence.

À l'heure où la guerre dans le recrutement et la rétention des talents fait rage, c'est une position qui semble stratégiquement pertinente.

---

45   https://buffer.com/salary/content-marketer-3/average

Règle #3 : Primer le collectif.

La culture agile met l'accent sur le **collectif** et cherche aussi à **limiter les bonus individuels**.

Les bonus individuels pour lesquels l'opacité est souvent de mise sont des freins à la collaboration et au travail collectif. L'équipe RH Agile les abandonne progressivement. Si un système de primes est malgré tout maintenu dans l'entreprise, c'est un collectif qui doit en bénéficier :

- Soit l'entreprise entière.
- Soit des collectifs intermédiaires plus ciblés (équipe, tribu, département, etc.). En sa qualité d'équipe ou d'entité auto-organisée, charge à elle de se répartir la prime avec transparence et équité.

Règle #4 : Changer le rythme des augmentations.

Le rythme « annuel » d'augmentation est également à revoir.

Comme pour l'évaluation de leurs performances et le feed-back, les collaborateurs attendent aujourd'hui de la part de leur entreprise plus de réactivité et de fréquence sur la revalorisation salariale.

> Dans l'entreprise agile, les augmentations peuvent survenir à tout moment.

Patagonia, société spécialisée dans la vente de vêtements techniques, fait partie de ces entreprises qui ont levé cet impossible organisationnel. L'entreprise californienne a éliminé les augmentations annuelles et privilégie des augmentations régulières. C'est aussi le cas de Digital Ocean, le fournisseur d'infrastructure cloud basé à New York.

LA FORMATION / L'APPRENANCE

« Tant que ce qui est appris n'est pas appliqué, il n'y a pas d'apprentissage. » Dave Meier

La formation est un élément clé du dispositif d'apprenance et une activité sur laquelle les ressources humaines sont historiquement impliquées. Pourtant, l'inefficacité des programmes de formation est depuis longtemps constatée.

Dans un article publié en 2016, Michael Beer, Magnus Finnstrom et Derek Schrader soulignent que la plupart des entreprises sont incapables de transférer ce qui est appris dans les comportements et de les transformer en gains pour la personne et l'organisation. Le retour sur investissement des formations est largement insuffisant.

À ESSAYER : Le quadrant d'apprentissage

Ce petit outil efficace questionne de manière directe la personne qui vient de suivre une formation et confronte l'apprentissage, en termes d'impact sur les 3 centres fondamentaux de l'être humain : la tête, le cœur, le corps. Le Retour sur investissement pour l'entreprise complète ces dimensions individuelles.

Comment faire ?

Le quadrant se décompose en quatre parties à remplir par le collaborateur en fin de formation :

EMOTIONS	CONNAISSANCES
COMPORTEMENT	ROI

1. Émotions : « *Comment je me sens par rapport à ce que j'ai appris ?* »

2. Connaissances : « *Qu'ai-je appris qui va m'aider dans mon travail ?* »

3. Comportement : « *En quoi mon comportement va-t-il changer par rapport à ce que j'ai appris ?* »

4. ROI : « *En quoi mon entreprise va-t-elle bénéficier de ce que j'ai appris ?* »

Dans le cadre d'un travail de groupe, l'exercice peut prendre du temps. Il permet néanmoins d'ancrer les connaissances et d'amener les personnes à se projeter dans le futur.

Dans une dynamique d'apprentissage plus ciblée, l'outil offre également des repères très pertinents.

Les compétences sont en constante mutation. En parallèle l'agilité amène de nouveaux frameworks (Scrum ; Kanban ; LESS ; Safe, etc.), de nouvelles pratiques, de nouveaux rôles (Product Owner, ScrumMaster, Chapter Lead, etc.) et de nouvelles postures (facilitateur, coach, manager agile ; cf. chapitre 7) auxquels il est nécessaire de se former.

En cela et pour tous ces métiers, le concept de parcours de carrière évoqué précédemment (via un système d'échelons) est totalement pertinent dans une perspective de progrès, mais il doit être manipulé avec précautions selon les contextes et la culture d'entreprise.

> Le niveau d'une personne (échelon de carrière) doit refléter ses compétences non les définir. Il ne correspond pas non plus à un niveau hiérarchique.

Les besoins en formation sont grandissants, mais tout le système de formation est à repenser.

Sur le plan pédagogique, l'équipe RH agile comprend la nécessité de varier les formats (MOOC, e-learning, ..., à la demande) et de favoriser l'adoption de cinq nouveaux principes de formation :

1. De la nouveauté.

2. Du mouvement et une stimulation multisensorielle

3. Une expérience émotionnelle positive.

4. Des instructions variées.

5. Un apprentissage social (basé sur une participation active, la collaboration et la coopération).

Un apprentissage de terrain est quant à lui beaucoup plus approprié pour certains métiers et rôles, par exemple celui de manager agile comme le souligne Henry Mintzberg[46] :

« *Le management étant une pratique, il ne peut être enseigné comme une science ou une profession. En fait, il ne peut tout simplement pas être enseigné : les programmes qui prétendent le faire font trop souvent la promotion de l'arrogance, avec les conséquences dévastatrices que l'on sait... Le management s'apprend sur le tas avec une gamme d'expériences et de défis* ».

À l'échelle de l'entreprise, l'équipe RH agile doit contribuer à développer

---

46   Henry Mintzberg, *MANAGER Ce que font vraiment les managers*, 2011

la **capacité d'apprendre à apprendre** chez chacun des employés. Seule l'activation de cette « métacompétence » peut permettre à l'entreprise et à ses employés de s'adapter en permanence à un monde qui va toujours plus vite.

À la capacité d'apprendre à apprendre doit s'ajouter pour certaines personnes (managers, chefs de projet, experts métier, etc.) dont la posture et les compétences doivent fortement évoluer, la nécessité de **désapprendre** ce qu'elles ont appris.

Il s'agit d'éviter qu'elles ne continuent de faire ce qu'elles font depuis des années sur la base de savoirs ou savoir-faire devenus obsolètes, dissonants ou contre-productifs avec la transformation agile.

L'équipe RH Agile aide à créer (via des initiatives de changement et des expérimentations) un environnement qui favorise de nouvelles formes d'apprentissage. Plus précisément, elle peut :

- Donner du temps pour le développement personnel.

- Autoriser du temps hors projet.

- Soutenir les communautés de pratiques.

- Réaliser des safaris agiles (aller voir sur le terrain comment une équipe a mis en œuvre l'agilité et pourquoi pas intégrer cette équipe. Cf. chapitre 7).

- Aider à l'organisation des hackatons[47].

- Mettre en place des « journées pour l'éducation » (journées consacrées à l'apprentissage : autoformation, lecture d'articles, de livres, book club, mini formations).

---

47   Le hackathon est un événement de co-création, sur une journée ou une nuit, organisé sous forme de concours, au cours duquel des porteurs de projet sont rejoints par des développeurs pour donner vie à leurs idées et créer des prototypes.

Chapitre 7 – En tant que RH Agile, je veux recruter les talents agiles et faciliter les transitions vers ces nouveaux rôles et métiers

GESTION DES TALENTS AGILES

L'incroyable expansion de l'agilité depuis vingt ans, le succès de SCRUM dans tous les secteurs d'activité et l'engouement pour la culture agile ces dernières années s'accompagnent de l'émergence de nouveaux rôles et de de nouveaux métiers dans les entreprises.

La gestion des talents agiles recouvre l'ensemble des processus RH décrits précédemment et peut donc s'appuyer sur des pratiques toujours plus innovantes en matière de recrutement, d'intégration, d'évaluation ou encore de formation.

Des métiers en mouvement

L'agilité donne naissance à de nouveaux métiers (et à de nouvelles compétences) ; d'autres évoluent et certains sont amenés à disparaître.

Pour la fonction RH se pose la problématique de la reconnaissance et de la gestion de nouveaux talents avec plus précisément la nécessité de :

- Comprendre ces nouveaux métiers et d'en décrypter les codes.

- Identifier les bons profils et distinguer ceux qui ne vont pas correspondre aux attentes de l'entreprise ou exigences du poste.

- Attirer de nouveaux talents agiles dans l'organisation.

- Les accueillir dans les meilleures conditions.

- Développer les talents agiles présents dans l'entreprise sur la base d'un dialogue continu.

- Faciliter la mobilité interne et la transition vers ces nouveaux rôles en choisissant les dispositifs d'apprentissage les plus pertinents.

Cette valse des métiers et ces préoccupations qui l'accompagnent relèvent d'une tendance de fond, similaire, au final, aux adaptations nécessaires à l'ère du digital, du Big Data et de l'IA (intelligence artificielle).

L'effort de transition est en revanche beaucoup plus intense pour une fonction RH impliquée dans la transformation agile de son entreprise.

Les dimensions psychologique et émotionnelle de ce type de transformation (avant tout culturelle) sont le plus souvent négligées. Accompagner la mutation de rôles existants parfois bien ancrés dans l'organisation ou le secteur d'activité (par exemple analyste, architecte, testeur, chef de projet ou encore manager) et envisager leur positionnement dans la nouvelle organisation agile est un défi de taille sur le plan humain.

Plus encore que pour d'autres acteurs de l'entreprise, la transformation agile peut générer chez ces populations une forte anxiété d'apprentissage qu'il conviendra de réduire en renforçant la sécurité psychologique (c'est-à-dire en offrant la réassurance que le fait de désapprendre / réapprendre est possible et sera soutenu).

L'adoption agile de l'agilité, le partage du sens, le dialogue contenu et la mise en place des dispositifs d'apprentissage fournissent l'essentiel de ces éléments de réassurance.

L'équipe RH Agile peut aussi s'appuyer sur les associations professionnelles de chacun de ces métiers.

La plupart ont en effet déjà mis en place de nouveaux programmes teintés d'agilité, organisent des événements et proposent des publications sous l'angle agile. Leur propre intérêt commercial et financier n'est certes pas étranger à ces actions, mais elles vont dans le bon sens.

Le PMI (Project Management Insitute[48]) et l'IIBA (International Institute of Business Analysis[49]) sont les plus sérieux exemples en la matière avec l'intégration de l'agilité dans leurs guides et corpus de connaissances (PMBOK ou IIBOK), des retours d'expérience et autres formations. PRINCE 2, méthode de gestion de projet très populaire

---

48   https://pmi-france.org
49   https://france.iiba.org

au Royaume-Uni a suivi le mouvement avec PRINCE 2 Agile[50], né sous la pression des communautés d'utilisateurs.

Les praticiens peuvent quant à eux se retrouver dans des conférences dédiées comme la conférence la plus remarquable dans l'univers du test agile, les « *Agile Testing Days* » qui se déroulent chaque année en novembre à Potsdam (Allemagne).

Les transitions, certaines plus difficiles que d'autres sont à envisager au cas par cas et l'équipe RH au service de l'expérience employé ne peut se permettre de laisser sur la touche une partie de l'entreprise, aussi petite soit-elle.

L'agilité personnelle : trait commun des meilleurs profils

« *Mieux vaut être complet que parfait.* » Jung

Les meilleurs profils agiles ont tous en commun un niveau d'agilité

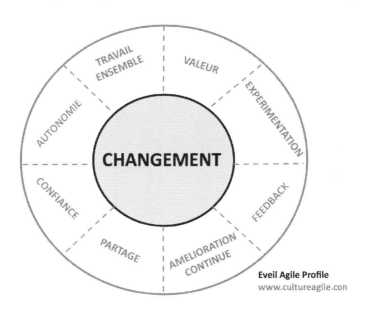

Eveil Agile Profile
www.cultureagile.con

personnelle très élevée.

---

50   https://www.axelos.com/best-practice-solutions/prince2-agile

Figure : Eveil Agile Profile[51] : les 9 dimensions de l'agilité personnelle
Au-delà de compétences techniques ou métiers, l'agilité personnelle devient donc une compétence de plus en plus recherchée par les entreprises. Chaque dimension est importante et même si la complétude est à valoriser, il est vrai que les dimensions « Changement », « Travail ensemble », « Partage » et « Feed-back » sont les plus attendues dans des organisations où, désormais, les collectifs sont mis en avant.

> À l'ère de l'entreprise agile, développer son agilité personnelle devient un enjeu majeur pour tout individu.

Là encore se posent de nouvelles exigences pour les équipes RH Agile :

- Intégrer l'agilité personnelle dans les parcours de carrière de chaque métier.

- Intégrer l'agilité personnelle ou ses dimensions clés dans les évaluations de performance.

- Créer des parcours de carrière spécifiques pour ces rôles qui se transforment et se professionnalisent.

Pour cela, les équipes RH Agile peuvent s'appuyer sur les descriptions des nouveaux rôles agiles (certains bien établis d'autres en devenir) proposées dans les pages qui suivent.

---

51   https://www.cultureagile.com/eveil-agile-profile/

Équipier Agile (ou Membre de l'équipe de développement)

Une équipe de développement agile est une équipe de professionnels chargée de réaliser un produit en le livrant de manière itérative et incrémentale (c'est-à-dire en procurant régulièrement de la valeur).

L'équipe de développement agile possède plusieurs caractéristiques.

Elle est :

- Auto-organisée (elle organise ses propres activités pour atteindre les objectifs fixés ou pour résoudre les problèmes auxquels elle est confrontée).

- Petite (elle comporte moins de 10 membres)

- Pluridisciplinaire (elle porte en son sein toutes les disciplines et compétences nécessaires pour construire et livrer le produit : analyse, développement, architecture, test, UX, data, etc.).

- Stable (l'équipe s'inscrit sur le long terme pour atteindre un haut niveau de performance).

- Idéalement co-localisée.

Le développement itératif et incrémental, le management visuel ainsi que la mise en œuvre d'événements agiles dans le sprint[52] vont favoriser le « *Focus* » et le « *Travail ensemble* », deux notions au cœur du fonctionnement de cette équipe. D'autres pratiques mettant l'accent sur la qualité du produit comme la programmation en binôme (« *pair programming* »), la programmation en groupe (« *mob programming* ») ou encore la revue par les pairs vont aussi se jouer à plusieurs.

---

52   Un sprint est une période de temps de durée fixe durant laquelle va s'enchaîner un certain nombre d'activités et qui se termine par la livraison d'un incrément de produit qui marche.

Dans une dynamique agile, le collectif l'emporte toujours sur l'individuel… ce qui impacte naturellement le casting de ses membres.

À ESSAYER : Le safari agile (à la découverte de l'agilité !)

Le safari agile répond aux enjeux de mobilité, d'intégration, d'apprentissage et de partage auxquels l'entreprise est confrontée.

L'idée d'origine est de permettre à une personne de se porter volontaire pour travailler dans une équipe agile afin de se faire une idée de la façon dont l'agilité se vit dans cette équipe. Elle peut ainsi se familiariser avec les valeurs et pratiques agiles et monter en compétences en apprenant par la pratique (le meilleur moyen pour progresser).

Dans une version plus légère du safari agile, il s'agit plus simplement d'aller voir sur le terrain comment une équipe met en œuvre l'agilité.

Comment faire ?

Deux options sont envisageables.

La formule « Safari club » est la plus engageante et répond à des objectifs d'apprentissage profonds. Elle vise plutôt les organisations déjà avancées dans leur transformation agile ou dont les équipes agiles sont expérimentées. Les avantages de ce dispositif sont multiples :

- Montée en compétences des collaborateurs sur les pratiques agiles (en contexte).
- Partage et création de liens.
- Ancrage progressif des valeurs et de la culture agile.
- Mise en application de la culture agile.

- Meilleure intégration.

Le point de départ de cette formule est le volontariat : une personne émet le souhait de découvrir l'agilité, d'apprendre de nouvelles pratiques. Charge ensuite à l'organisation de lui trouver la bonne équipe qui va l'accueillir, pour une période déterminée. Évidemment, l'effort d'intégration doit être anticipé du côté de l'équipe qui accueille.

La formule « Petit Déjeuner » est l'option la plus facile à réaliser. Ciblée sur les équipes agiles (mais elle peut aussi se faire en individuel), elle a pour but de transformer, capitaliser et apprendre collectivement. Elle est donc très adaptée aux organisations qui vivent leurs premières expériences agiles et aux organisations multisites.

L'équipe A rend visite à l'équipe B sur son espace de travail (pendant 30 min à deux heures) pour faire connaissance et surtout pour échanger, dans la convivialité, autour des pratiques de chacun. Il n'y a pas de programme établi, mais un minimum d'introduction chez les hôtes (vision, contexte, enjeux, historique) avant de laisser place aux discussions informelles sur les valeurs de l'agilité, les bénéfices observés et les façons de faire : ce qui fonctionne, ce qui marche moins bien, ce qui sera essayé prochainement et les obstacles auxquels chacun doit faire face.

Le radiateur d'informations est le plus souvent le lieu devant lequel se tiennent beaucoup de discussions.

La semaine suivante ou lors du sprint suivant, les rôles sont inversés et l'invitation est rendue. Plus qu'un moment de détente, c'est un grand pas vers la capitalisation, l'apprenance et la création de futures communautés agiles transversales.

En quoi consiste le travail de l'équipier agile ? Quelles sont ses grandes activités ?

- Estimer (en équipe) le travail à réaliser.

- Fournir (en équipe) un incrément de produit « fini » potentiellement livrable à la fin de chaque sprint (dans un contexte SCRUM) ou fréquemment (dans un contexte non SCRUM).

- Faire la démonstration des résultats de son travail à chaque sprint (dans un contexte SCRUM) ou fréquemment (dans un contexte non SCRUM).

Quelles sont les 10 compétences et qualités d'un bon équipier agile ?

1. Aimer travailler en équipe.

2. Avoir le sens du partage (de son travail, de l'information, de ses connaissances, de son expérience).

3. Viser l'excellence technique.

4. Être capable d'expliquer simplement son point de vue.

5. Être en mesure d'intégrer le point de vue des autres.

6. Toujours vouloir apprendre.

7. Chercher à s'améliorer constamment.

8. Prendre des initiatives et faire preuve d'autonomie.

9. Être à l'aise avec l'incertitude.

10. Penser la conception et le résultat attendu avant de commencer la réalisation de son travail (par exemple avant l'écriture du code pour un développeur).

Le profil à recruter ?

Le candidat « touche à tout », pragmatique et soucieux de la qualité de ce qu'il produit.

En veille permanente, il est toujours partant pour un coding dojo, du mob programming ou partager ses expériences à un meetup.

Un profil à fuir ?

Le candidat sans concession qui ne veut ou n'aime travailler qu'en solo. Il livre toujours au dernier moment, donne peu de visibilité sur ce qu'il fait et ne sollicite aucun feed-back.

Parler au client... À quoi ça sert ? Tester son développement ? Seulement quand il a le temps !

Scrum Master (ou Facilitateur agile)

Le Scrum Master (aussi appelé « Facilitateur agile » dans certains contextes) aide l'équipe à travailler de manière autonome et à s'améliorer constamment.

Le Scrum Master est au service de l'équipe, du Product Owner et de l'organisation. Il est aussi le garant du cadre de travail Scrum (et agile) auprès de l'équipe et de son écosystème.

La description donnée par Claude Aubry[53] sonne très juste : « *Un Scrum Master prend soin des membres de l'équipe pour que chacun se sente plus libre, incite à la liberté en favorisant l'auto-organisation et pousse à faire régulièrement des fêtes ensemble* ».

En quoi consiste le travail du Scrum Master ? Quelles sont ses grandes activités ?

- Développer la capacité de l'équipe de s'auto-organiser et de résoudre ses problèmes.

- Proposer un cadre sécurisé où chacun peut s'exprimer et grandir.

- Organiser et faciliter les événements agiles (par exemple la planification de sprint, la réunion quotidienne, la revue de sprint, rétrospective, la réunion d'affinage du backlog dans un contexte SCRUM).

- Protéger l'équipe des perturbations extérieures.

- Soutenir les activités du Product Owner et de l'équipe de développement.

- Aider à lever les obstacles empêchant l'équipe d'avancer.

---

53   http://www.aubryconseil.com/post/Scrum-Master-un-bullshit-job

Quelles sont les 10 compétences et qualités d'un bon Scrum Master ?

1. Très bien connaître Scrum et les principaux frameworks agile.

2. Savoir adapter son action au contexte, à la maturité de l'équipe et à la nature des échanges (mode collectif ou 1:1).

3. Être un bon médiateur : agir avant tout dans la suggestion et la négociation.

4. Maîtriser quelques techniques de facilitation (pour animer des workshops et des rétrospectives).

5. Être un bon communiquant

6. Être ouvert aux autres et avoir un esprit collaboratif

7. Être organisé.

8. Faire preuve de ténacité.

9. Avoir de l'humilité

10. Toujours rechercher l'amélioration.

Cinq principaux critères permettent de déterminer les niveaux d'expérience (expérimenté ou non) et de présence (temps plein ou moins) attendus par l'équipe pour le rôle de Scrum Master :

- La maturité de l'équipe en matière de dynamique d'équipe : depuis combien temps ses membres travaillent-ils ensemble ? Est-elle plutôt en mode Forming, Storming, Norming ou Performing ?[54]

- La maturité de l'équipe en matière d'agilité (à la fois sur l'*être agile* et le *faire de l'agile*).

- La taille de l'équipe (3 personnes ou 9 : la différence

---

54   Les 4 stades de développement d'une équipe selon Bruce Tuckman, *Developmental sequence in small groups*, 1965

est importante).

- La complexité de l'écosystème (multiples parties prenantes, dépendances et interactions avec d'autres systèmes, complexité organisationnelle, mode distribué, etc.).

- L'expérience et l'engagement du Product Owner.

À titre d'exemple, une équipe de développement de neuf personnes, qui vient à peine de se former, découvre l'agilité et évolue dans un écosystème organisationnel complexe, aura besoin d'un Scrum Master expérimenté à temps plein (et de coaching agile pour se lancer).

Scrum Master, c'est un métier et aussi un rôle qui peut être cumulé avec le rôle d'équipier agile **exceptionnellement et sous certaines conditions**.

En plus d'une situation qui s'y prête (en fonction des critères listés précédemment) le cumul des deux rôles nécessite aussi des qualités individuelles indéniables en termes de posture, de prise de recul, d'expérience, d'organisation ou encore de gestion du temps.

Enfin le rôle de Scrum Master ne peut être en aucun cas cumulé avec celui de Product Owner (conflit d'intérêts, objectifs différents, manque de temps, déséquilibre des énergies, etc.).

Le profil à recruter ?

Le candidat curieux, expérimenté et doté d'un excellent relationnel. Il connaît le Scrum Guide par cœur, mais sait s'en détacher quand il le faut sans le dénaturer.

Toujours au service de l'amélioration du collectif, il sait faire preuve d'humilité en insistant davantage sur ce **qu'il a aidé** à accomplir plutôt que sur ce qu'il a accompli !

Un profil à fuir ?

Un candidat sans empathie qui dictera à l'équipe tout ce qu'elle doit faire. Celui qui considère que des « ressources » ont besoin d'un bon chef de projet ou d'un bon Tech Lead pour travailler efficacement (dans les deux cas, ce sera lui).

Attention, « Mr ou Mrs Process » ce n'est pas beaucoup mieux…

PRODUCT OWNER

Le Product Owner est responsable de maximiser la valeur du produit. Il est le représentant du client, des utilisateurs et de toutes les parties prenantes.

À ce titre, le Product Owner est l'interlocuteur privilégié de l'équipe de développement.

En quoi consiste le travail du Product Owner ? Quelles sont ses grandes activités ?

- Définir et partager la vision de ce que le produit doit être.

- Collecter les besoins des parties prenantes, métiers, clients ou utilisateurs.

- Construire et partager la stratégie produit (par l'intermédiaire de Roadmaps…).

- Fixer les priorités et ordonner les choses à réaliser selon la valeur.

- Alimenter et gérer le backlog de produit.

- Décrire les fonctionnalités (sous forme de user stories[55]).

- Ajuster les fonctionnalités et les priorités à chaque sprint.

- Accepter ou rejeter les résultats (sur la base des conditions d'acceptation associées à chaque user story).

Le rôle de Product Owner est large et cette grande palette d'activités est difficilement réalisable par une seule et même personne (même si la théorie voudrait le contraire). Le Product Owner peut donc être soutenu sur chacune de ses activités par différents profils (analystes,

---

55   Une user story est une exigence du système à développer, formulée en 1 ou 2 phrases et source de valeur pour un utilisateur

spécialistes de l'expérience utilisateur ou encore testeurs).

En revanche, il est essentiel qu'il conserve son pouvoir de décision et de priorisation.

Quelles sont les 10 compétences et qualités d'un bon Product Owner ?

1. Savoir bien s'entourer.
2. Être ouvert au changement et avoir la capacité de changer ses plans en fonction des retours stratégiques et utilisateur sur le produit.
3. Se rendre disponible pour l'équipe.
4. Avoir une connaissance pointue du domaine métier.
5. Maîtriser les principaux outils stratégiques.
6. Être bon visionnaire.
7. Être un bon communicant et un fin négociateur.
8. Avoir l'autorité pour prendre des décisions rapidement.
9. Avoir la capacité de savoir dire non si nécessaire.
10. Être ouvert aux autres et avoir un esprit collaboratif.

Le profil à recruter ?

Le candidat fin négociateur qui sait dialoguer à la fois avec le Business, les utilisateurs et la Tech.

Passionné par son domaine produit dont il aime creuser tous les aspects (études de marché, marketing produit, recherches utilisateur (UX), il a un pied dans le présent, l'autre dans le futur.

Un profil à fuir ?

Un candidat qui ne sera jamais disponible pour l'équipe et qui ne jure que par JIRA[56].

Celui qui considère qu'un produit c'est juste un backlog de tickets à faire dépiler : « *Je demande, ils font et on se revoit à la fin. Pas trop longtemps... Je n'ai pas que ça à faire !* »

Ni vision, ni roadmap ; ni focus, ni objectif de sprint : il n'en voit pas l'utilité.

---

56   JIRA est un outil de gestion de projet agile commercialisé par la société Atlassian.

CHAPTER LEAD

Le chapter est une communauté formelle, transverse, orientée métier et expertise (par exemple le chapter des développeurs, le chapter des analystes, celui des testeurs, etc.) qui répond à des **besoins d'alignement** et de **développement humain** dans une organisation agile.

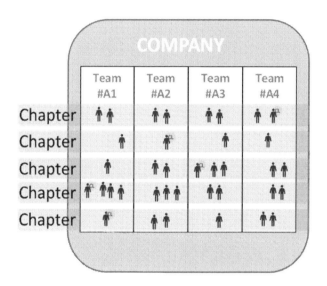

Au-delà de l'alignement, en misant sur le chapter, les organisations agiles font le choix de la proximité et agissent en cohérence avec la culture agile au service de l'expérience employé.

Le Chapter Lead est un nouveau rôle, bien plus *leader* que manager puisque les enjeux du chapter portent plus sur des questions de carrière, de développement des compétences et de soutien aux personnes que sur une logique de gestion purement opérationnelle des collaborateurs.

Même si les contours de ce nouveau rôle varient selon les organisations, la répartition en deux grands pans d'activités est éprouvée depuis plusieurs années :

- **Praticien (50-60 % du temps).** Le Chapter Lead reste membre d'une équipe produit à laquelle il est rattaché. Il demeure sur le terrain et continuer de pratiquer son expertise.

- **Servant-leader de son chapter (40-50 % du temps).** Le Chapter Lead est au service du chapter et de ses membres (son activité de Chapter Lead avec des rendez-vous individuels et collectifs).

« *Le plus difficile, c'est de concilier mon rôle dans l'équipe produit et le temps pour les personnes de mon chapter.* » Chapter Lead QA

En quoi consiste le travail du Chapter Lead ? Quelles sont ses grandes activités ?

- *Rester un praticien dans une équipe Produit.*

- Accompagner la carrière de chaque membre du chapter. Cette activité inclut les RENDEZ-VOUS individuels (type 1:1) avec chaque membre de la communauté pour le suivi de carrière et le développement des compétences.

- Gérer les formations (en lien avec les Ressources Humaines et le management).

- Coordonner l'évaluation de la performance des membres de son chapter (sur la base de feed-back 360 fournis en premier lieu par le Product Owner, le Scrum Master, ses équipiers de l'équipe de Dev, ses pairs de chapter, etc.).

- Participer au recrutement, à l'intégration de nouveaux membres et à la gestion des départs au sein du chapter.

- Animer le collectif chapter (par exemple une fois par semaine pour développer la communauté).

- Favoriser le développement des compétences collectives et l'alignement des pratiques et standards entre les produits.

- Se coordonner avec les Product Owners, Scrum Masters et le management sur les questions de capacité pour chaque équipe produit.

Quelles sont les compétences et qualités d'un bon Chapter Lead ?

1. Mettre son ego de côté pour se mettre au service des autres et les faire grandir (people leadership).

2. Être organisé (il faut pouvoir jongler entre ce rôle et sa propre activité au sein d'une équipe)

3. Avoir de l'expérience de la discipline (par exemple, le Chapter Lead « Business Analysis » n'est pas un débutant en analyse métier et fonctionnelle).

4. Être curieux et aimer faire de la veille sur tout ce qui concerne son métier (nouvelles techniques, outils, technologies, livres, conférences…).

5. Être reconnu pour son expertise.

6. Être ouvert aux autres et avoir un esprit collaboratif

7. Avoir le sens du partage.

8. Faire preuve de pédagogie.

9. Avoir de l'empathie.

10. Savoir animer un collectif et maîtriser quelques techniques de facilitation.

Le profil à recruter ?

Le candidat reconnu pour son expertise, capable de fédérer et de faire grandir un groupe. Ça tombe bien, il donne des cours à l'université sur son temps personnel. Profondément humain, il est aussi à l'aise dans une relation individuelle que dans l'animation d'un collectif.

Un profil à fuir ?

Un candidat qui n'a pas compris les objectifs du chapter et qui voit dans celui-ci une équipe à qui il va pouvoir distribuer des tâches. Il n'est plus sur le terrain depuis des années ; ce qu'il veut faire c'est du management et l'intitulé du poste lui a bien plu ! Faire progresser les autres n'est évidemment pas sa priorité puisque, ce qui l'intéresse, c'est grimper dans la hiérarchie.

MANAGER AGILE

Le manager doit trouver sa place dans l'entreprise agile.

La nature du poste reste variable tout comme l'étendue de ses responsabilités : management intermédiaire, responsable de département, leader de plateforme ou de tribu dans des organisations agiles orientées produit.

Le management agile exige un changement de posture et met l'accent sur de nouvelles activités et pratiques managériales qui se vivent et s'apprennent avant tout sur le terrain.

Le manager agile a dit non au suivi détaillé des activités des équipes et des individus. Il a quitté une posture archaïque de « Commandeur - Contrôleur » pour faire confiance aux équipes. Il favorise l'autonomie et la responsabilisation de celles-ci (au travers de la délégation).

Le manager agile consacre essentiellement son temps au développement des personnes, au soutien des équipes agiles et à l'amélioration du système.

En quoi consiste le travail du Manager agile ? Quelles sont ses grandes activités ?

- Inspirer et donner du sens (en communiquant régulièrement le pourquoi, la vision, les valeurs, les objectifs de l'entreprise et en répondant présent quand il s'agit de mobiliser l'intelligence collective).

- Soutenir l'effort d'auto-organisation des équipes agiles (en posant le cadre leur permettant d'évoluer efficacement et en contribuant à lever les obstacles qui les empêchent d'avancer).

- Créer et maintenir une relation de confiance avec les personnes.

- Développer les talents et mettre en place un environnement source de motivation (en misant sur les leviers motivationnels intrinsèques et en s'efforçant de réduire les sources de démotivation potentielles).

- Gérer les systèmes et améliorer l'organisation en permanence (en encourageant les expérimentations ou encore en allant observer ce qui se passe sur le terrain pour mieux comprendre les situations de travail).

Ces activités sont les fondements du management agile. Les détails et contours du rôle sont enrichis en contexte.

Dans une entreprise agile organisée en « Tribus / Équipes / Chapters » (inspirée des expérimentations d'organisation de Spotify, l'éditeur suédois de musique en ligne) les décisions sont plus collectives et les responsabilités sont partagées et redistribuées entre ces différentes entités structurelles (et leur leader) :

- L'entité « équipe produit ».

- L'entité « chapter » (cross-produit).

- L'entité « tribu » (qui rassemble une partie des équipes produit).

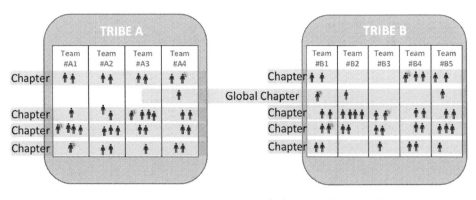

Figure : L'organisation agile en tribus, produits et chapters

Ainsi un leader de tribu (manager agile) pourra être amené à gérer le budget de sa tribu (y compris la formation), en fixer les objectifs, gérer la relation avec certains stakeholders et les autres tribus ou encore suivre en 1:1 les Product Owners et Chapter Leads de sa tribu…

À ESSAYER : La roue de l'agilité managériale « Solution focus »

Déclinaison opérationnelle des activités du management agile, j'utilise cet outil de coaching pour accompagner les managers dans leur nouveau parcours et sur leur propre terrain.

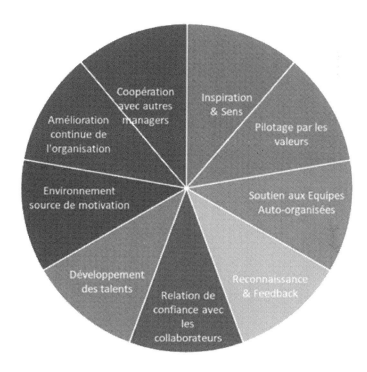

Elle permet de :

- S'interroger sur sa posture de manager agile.

- Identifier et décrire ce qu'on veut.

- S'appuyer sur ses propres ressources pour avancer et progresser.

Comment faire ?

La roue de l'agilité managériale sert de support à un entretien de coaching et propose un éclairage sur les situations de travail et activités managériales dans un contexte agile. Le manager s'interroge sur sa posture. Il indique son degré de satisfaction par rapport à chacune de ces dimensions, raconte ce qui marche, ce qu'il met déjà en œuvre et décrit un futur désiré.

L'entretien de coaching se poursuit dans un cadre d'accompagnement orienté solutions (« Solution focus »). Ce cadre de coaching repose sur 3 principes :

- Ne pas réparer ce qui n'est pas cassé.

- Trouver ce qui marche et en faire davantage.

- Arrêter de faire ce qui ne marche pas et tenter autre chose.

Pour les dimensions qu'il souhaite travailler, le manager affine l'objectif et l'état désiré. Il se situe sur une échelle de 1 à 10, décrit ce qui fait qu'il en est déjà là et les forces sur lesquelles il peut s'appuyer pour faire ces petits pas supplémentaires qui lui permettent progressivement d'aller toujours plus loin.

Le coaching est du type coaching bref et se fait dans le cadre de conversations structurées.

Quelles sont les compétences et qualités d'un bon Manager agile ?

1. Se rendre disponible.

2. Être authentique, se montrer loyal et tenir ses engagements.

3. Être un bon observateur du système qu'il n'a de cesse de vouloir optimiser.

4. Avoir de l'humilité.

5. Faire confiance « a priori ».

6. Savoir donner un feed-back de qualité.

7. Disposer d'une bonne capacité d'adaptation.

8. Avoir le sens de la communication.

9. Commencer par écouter.

10. Chercher une issue positive à chaque situation y compris les plus tendues.

Le profil à recruter ?

Le candidat qui, à la tête d'un département ou d'une tribu de 80 personnes, a mis son ego de côté pour se mettre au service de ses équipes et créer le meilleur environnement possible.

Il est d'un naturel souriant et positif. Accessible, loyal et à l'écoute, il est toujours là quand il s'agit de lever des obstacles.

Un profil à fuir ?

Le candidat bulldozer qui se donne pour mission d'augmenter la productivité et de réduire les coûts par tous les moyens : « ETP », « Jours-Hommes », « Timesheet » et « Ressources » sont ses maîtres mots. Sa mesure favorite reste la vélocité « individuelle » pour dégager les moins performants en fin d'année.

Sa croyance de base : « Les gens sont paresseux, doivent être contrôlés et dirigés ». Et pour ça, c'est le meilleur !

FACILITATEUR DE LA TRANSFORMATION (OU DU CHANGEMENT AGILE)

Le facilitateur de la transformation (ou du changement agile) favorise et accompagne l'émergence et l'appropriation d'une culture agile dans toute l'entreprise, y compris auprès des leaders et comités de direction.

Il est au service de la transformation agile, mise et s'appuie sur le collectif avec le soutien du leader.

> Symboliquement, il est essentiel que le rôle de facilitateur de la transformation soit tenu en interne de l'entreprise pour que la culture agile soit portée de l'intérieur et pour la pérenniser.

En quoi consiste le travail du Facilitateur de la transformation agile ? Quelles sont ses grandes activités ?

- Soutenir et promouvoir la culture agile dans toute l'entreprise et auprès des partenaires.

- Proposer un dispositif de transformation multidimensionnel fondé notamment sur des expérimentations collectives, du coaching agile (équipe et individuel), de la formation ou encore des communautés de pratiques.

- Gérer un backlog de transformation (ou d'amélioration).

- Rendre visible l'avancement de la transformation.

- Aider à préparer et faciliter les ouvertures et clôtures des saisons de transformation (via forum ouvert et foire agile).

- Faciliter les interactions avec le(s) sponsor(s) de la

transformation et les agents du changement agile.

- Aider à lever les obstacles à la transformation agile.
- Aider au changement de posture des Leaders et Managers (vers le leadership et management agile).

Quelles sont les compétences et qualités d'un bon Facilitateur de la transformation agile ?

1. Incarner la culture agile au quotidien.
2. Avoir de la légitimité sur l'agilité.
3. Être organisé.
4. Faire preuve de ténacité.
5. Être à l'aise avec l'incertitude.
6. Rechercher l'amélioration du système.
7. Être un bon communiquant.
8. Avoir un esprit collaboratif et une grande capacité de coordination.
9. Bénéficier d'un bon réseau d'influence dans l'entreprise.
10. Savoir dialoguer aussi bien avec la Tech et le Business, les Leaders et les équipes.

Le profil à recruter ?

Le candidat ou plutôt le binôme RH / IT. Tous deux se passionnent pour l'agilité, ont l'envie de progresser et d'accompagner avec transparence leur entreprise dans sa transformation. Le duo se complète bien. Ils ont un bon réseau d'influence, du crédit sur leur domaine respectif et la confiance des équipes agiles.

Un profil à fuir ?

Le candidat avide de pouvoir et de contrôle qui voit dans la transformation un moyen de se rendre visible et de servir ses intérêts. Il aime centraliser les décisions, manque de transparence et freine la circulation de l'information. Pour lui l'agilité n'est qu'un énième projet de changement auquel il ne croit même pas.

COACH AGILE

Le coach agile accompagne pour une durée déterminée une organisation, une équipe ou une personne dans son parcours vers ou dans l'agilité, pour des résultats concrets et mesurables.

Il accompagne la transformation agile de l'entreprise sur le plan organisationnel et humain.

Le coach agile est un agent du changement, partenaire privilégié du leader et du facilitateur de la transformation interne.

En quoi consiste le travail du Coach Agile ? Quelles sont ses grandes activités ?

- Enseigner les concepts, pratiques clés, valeurs, principes et accélérateurs de culture agile.

- Former les équipes aux méthodes Scrum, Kanban, Scrumban, aux pratiques agiles, aux techniques d'innovation

- Accompagner la transition vers les rôles agiles comme Scrum Master ou Product Owner.

- Faciliter des réunions, workshops spécifiques ou événements agiles guidant ainsi par l'exemple avant de s'effacer et de laisser complètement la main.

- Proposer sur le terrain un soutien individualisé sur l'application de techniques apprises en formation (posture mentorat).

- Dresser un diagnostic et proposer des pistes de solutions suite à des problèmes et dysfonctionnements (posture-conseil).

- Clarifier les objectifs de l'intervention puis coacher les personnes, l'équipe ou l'organisation (posture coaching)

- Aide à la prise de recul, identifier les motivations, les

ressources disponibles afin de percevoir les différentes options et stratégies possibles (posture coaching).

Quelles sont les qualités d'un bon Coach agile ?

1. Incarner la culture agile.

2. Avoir une expérience variée et complète des grands contextes d'agilité (IT, hors IT, à l'échelle, à distance ou pour toute l'entreprise) et des transformations d'entreprise.

3. Maîtriser les principaux frameworks agile (Scrum, Kanban, ScrumBan, LeSS, Safe, etc.)

4. Être formé au coaching professionnel et au coaching d'organisation.

5. Maîtriser un large éventail de techniques de facilitation.

6. Avoir une grande capacité d'observation.

7. Avoir une grande capacité d'adaptation.

8. Questionner sans cesse.

9. Adopter une écoute active.

10. Être digne de confiance.

Le profil à recruter ?

Le coach agile expérimenté, alliant connaissances théoriques et pratique effective de son métier dans des contextes variés.

Agnostique, curieux, toujours prêt à apprendre quelque chose de nouveau, il est capable de changer de posture quand il le faut.

Il met en avant ses clients et les collectifs et sait s'effacer au bon moment.

Un profil à fuir ?

Le candidat donneur de leçons parachuté « coach agile » du jour au lendemain après une ou deux expériences d'agilité. Il possède une certification agile qu'il arbore avec fierté et qui sert de base à quelques-unes de ses injonctions.

Mais au fond, il reste consultant, chef de projet, tech lead ou delivery manager dans l'âme. L'entreprise souhaite se transformer ; lui non ! Il a déjà toutes les réponses.

CONCLUSION

Loin d'être un effet de mode, l'agilité apporte des réponses concrètes aux problématiques d'aujourd'hui et de demain de la plupart des entreprises. La culture agile poursuit son expansion et se propage, en dehors de la « Tech », à l'ensemble des étages (dont celui des ressources humaines) dans tout type de secteur et d'organisation.

Entre nécessité et opportunité (puisqu'elle offre de réels bénéfices pour améliorer l'expérience employé et la performance globale de l'entreprise), la révolution RH Agile est en marche avec une mutation profonde des activités ressources humaines. Elle repositionne le professionnel RH comme un acteur majeur de la transformation agile allant même jusqu'à lui proposer d'endosser un nouveau rôle : celui de facilitateur de la transformation.

Dans un tel contexte, face à de nouveaux enjeux notamment structurels et humains, la passivité n'est pas de mise.

L'agilité pour les RH se vit dans l'action et l'expérimentation, dans une attitude à la fois réactive et proactive à l'égard de ce changement culturel majeur qui touche toute l'organisation.

L'engagement des RH pour l'agilité devient quant à lui l'un des ingrédients majeurs d'une transformation agile réussie.

Il est donc temps de vivre la culture agile et de devenir cette équipe RH Agile dont il est question dans cet ouvrage :

- En mettant en action la culture agile au service de l'expérience employé.

- En accompagnant les leaders dans la transformation de l'entreprise.

- En accompagnant le partage du sens et la co-construction d'une culture d'entreprise intégrant l'agilité.

- En misant sur les collectifs pour les soutenir et les faire grandir.

- En innovant et réinventant certaines pratiques RH.

- En recrutant de nouveaux talents agiles et en facilitant les transitions vers de nouveaux métiers.

Et vous, quels premiers petits pas allez-vous enclencher ?

Remerciements

Merci à mes enfants Eva et Solal, ainsi qu'à Katia pour leur patience et leur soutien durant ces mois d'écriture.

Merci aux lecteurs de mes blogs www.qualitystreet.fr et www.eveilagile.com qui me suivent depuis plus de 13 ans et me donnent régulièrement des feed-backs positifs.

Enfin, merci à mes clients pour leur confiance et pour me donner la possibilité d'expérimenter encore et encore toutes les idées contenues dans ce livre. Nos collaborations me font grandir et progresser.

REVOLUTION RH AGILE
L'agilité pour les RH et les RH pour l'agilité.

Pour composer avec la complexité de leur environnement, mieux vivre avec l'incertitude, enchanter leurs clients et employés, les entreprises cherchent à se renouveler et à devenir agiles. L'expansion de l'agilité est telle qu'elle bouleverse l'ordre établi et révolutionne tous les secteurs.

L'opportunité est réelle pour la Fonction RH de bénéficier de ce formidable élan de transformation et de profiter de la culture agile pour enfin, ou de nouveau, jouer un rôle prépondérant dans l'entreprise.

Le livre « ***Révolution RH Agile*** » guide les RH sur le chemin de l'agilité.

Dans ce premier ouvrage entièrement dédié à l'agilité pour les ressources humaines, Jean-Claude Grosjean détaille les impacts de la culture agile sur la culture d'entreprise et la Fonction RH.

Il rend visibles les nouveaux enjeux RH Agile et leurs déclinaisons opérationnelles auprès des équipes, des Leaders et de chaque employé.

Enfin, il invite le professionnel RH à devenir un acteur clé de la transformation agile de l'entreprise en tant que facilitateur du changement.

- Les clés pour une mise en action immédiate de l'agilité au service de l'expérience employé et en soutien des collectifs agiles.

- Un regard décalé sur le recrutement, l'intégration, la formation, la rémunération ou encore l'évaluation de la performance.

- Un zoom sur la gestion des talents agiles : les nouveaux rôles et métiers. Les profils à recruter d'urgence ; ceux à éviter.

- Un ouvrage pragmatique rassemblant des outils concrets utiles et utilisables.

Biographie de l'auteur

Jean-Claude GROSJEAN
Coach d'entreprise Agile et Coach professionnel, formé et certifié HEC

Jean-Claude est le fondateur du cabinet Eveil Agile et l'auteur du livre « Culture Agile » (2018).

Ses blogs « qualitystreet.fr » et « eveilagile.com » sont des références reconnues sur l'agilité, le coaching agile et d'organisation et la facilitation.

Il accompagne aujourd'hui la transformation agile des entreprises, Startups, Scaleups et grands groupes.

Printed in Great Britain
by Amazon

46910176R00104